| 세미오시스 연구총서 04 |

언어와 유머

이 저서는 2010년 대한민국 교육부와 한국연구재단의
인문한국(HK)지원사업의 지원을 받아 수행된 연구임(NRF-2010-361-A00013).

세미오시스 연구총서 04

언어와 유머

강병창

HU:iNE

목차

프롤로그

유머에 관한 책은 아주 많다. 그리고 언어에 관한 책도 셀 수 없이 많다. 그러나 언어와 유머 둘 다에 의식적으로 주목하여 그 관계와 상호작용을 밝혀 보려는 책은 드문 편이다. 부끄럽지만, 이제 여기에 언어와 유머에 관한 유머러스하지 않은 책을 하나 더 보태려고 한다. 거창한 동기를 들자면, 무엇보다도 언어와 유머는 인간을 이해하고 소통을 하는 데 중요한 열쇠가 된다고 보기 때문이다.

오늘날 한계를 모르고 질주하고 있는 과학기술과 사회변화는 인간성과 인간 조건에 중대한 도전이 되고 있다. 이에 따라 '트랜스휴먼(transhuman)'이나 '포스트휴먼(posthuman)'으로의 '인간 향상(human enhancement)'에 관한 담론도 갈수록 확산되고 있다. 이 담론에 따르면, 앞으로 인간능력과 인간조건이 자연선택에 의한 진화가 아니라 기술에 의한 지적설계를 통해 향상될 수 있다고 한다. 이러한 시대 변화에 직면하여, 인간이 무엇인지에 대한 근원적인 성찰이 다시 요구될 수밖에 없다. 설령 현생인류인 호모 사피엔스가 '휴먼 2.0'으로 업그레이드된다 하더라도, '언어'와 '유머'라는 인간의 고유 특성은 적어도 그대로 대물림될 것으로 보인다(언어와 유머 능력의 '향상'도 가능하겠지만 그것이 어떤 모습을 띨지는 지금으로서는 상상하기 어렵다). 전통적으로 인공지능 연구에서는 대체로 유머를 배제해 왔지만, 이제 인간 수준 혹은 그 이상 단계의 인공지능에서 '유머 감각'은 필수 요소가 되고 있다(SF영화에서 농담을 던지는 컴퓨터나 로봇

이 등장하는 것은 이제 예사가 됐다).

언어와 유머는 이미 호모 사피엔스의 종차(種差)가 되는 인간 마음의 근원적 특질에 속한다. 인간의 마음은 언어, 인지, 감정을 통해 정보 처리, 추론, 문제 해결, 상상과 허구의 이야기하기, 사회적 협력 등 많은 일을 수행한다. 그러나 이 일은 문제없이 말끔하게 일어나는 것이 아니라, 논리 비약, 모순, 인지적 부조화 등 오류도 자주 일으킨다. 최근 인지과학자들의 견해에 따르면, 유머는 바로 이러한 마음의 오작동을 감시하고 위험에서 보호하는 역할을 한다고 한다. 즉, 유머를 마음의 안전장치로 보는 것이다. 그 밖에도 유머는 인간의 사회생활과 문화에서 그것을 구성하고 유지하는 데 필요한 다양한 역할을 수행한다.

이 책에서는 유머에 관한 종래의 논의를 배경으로 하면서 유머를 표현하고 이해하는 데 가장 중요한 수단이 되는 언어에 주목하여 언어 유머의 다양한 형식과 인지 메커니즘을 살펴보려고 한다. 먼저, 제1장에서는 언어 유머에 관한 본격적인 논의에 앞서 인간과 유머의 관계를 일반적인 시각에서 조망해 본다. 유머를 존재의 특징으로 하는 인간에게 유머는 어떤 의미를 지니는지 성찰해 보고, "유머"라는 말과 이와 관련되는 다양한 용어들을 이 책에서 어떻게 이해할 것인지를 밝히며, 유머의 사회적, 문화적 기능을 살피면서 매체 및 기호 현상으로서의 유머, 곧 '유머 세미오시스'에 대한 논의의 가능성을 짤막하게 타진해 본다.

제2장에서는 고전적인 유머 이론들을 비롯하여 최근의 주요 이론들을 살펴본다. 각 이론들은 유머의 특정한 측면에만 주목함으로써 전체적인 조망을 보이지 못하고 있다. 이를 통해 유머라는 현상이 얼마나 복잡하고 포착하기 힘든 마음의 현상인지 알 수 있게 될 것이다.

어쩌면 이 이론들을 퍼즐 조각 맞추듯이 하나로 모으면 전체 유머 이론이 나올지도 모를 일이다. 하지만 이 책에서는 그 거창한 작업은 '유머학'에 넘기고, 언어 유머를 언어학적으로 분석하는 데 토대가 되어 줄 수 있을 것으로 보이는 '부조화-해소 이론'에 특별히 주목한다.

제3장에서는 언어학적 유머 연구, 곧 '유머언어학'의 태동과 전개에 대해 간략하게 살펴본다. 이른바 '스크립트 기반 유머 의미론'과 '언어 유머 일반이론'을 비롯해서, 언어학의 발전 방향과 궤를 같이 하면서 다양한 양상으로 전개되는 최근의 유머연구 동향을 일별해 본다. 유머언어학에 관한 논의에서 빠뜨릴 수 없는 영역은 유머언어학의 연구 대상에 대한 성찰이다. 이것은 결국 언어 유머, 더 좁게는 '언어 우스개'의 구체적인 유형론을 요구한다. 그래서 이 책에서는 가능한 제안을 시론적으로 해 보려고 한다.

이 책의 본론에 해당하는 부분은 제4장부터 제6장까지이다. 이 세 개의 장에서는 언어 우스개의 대표적인 유형인 우스갯소리(joke)를 비롯하여 유머언어학에서 그동안 별로 주목받지 못한 어휘 차원의 우스개에 주목하면서 한국어, 독일어, 영어 자료를 바탕으로 유머를 위한 부조화-해소 메커니즘을 살펴보려고 한다. 제4장에서는 우스갯얘기, 우스개 수수께끼, 한줄 우스개 등 다양한 유형으로 실현되는 우스갯소리의 유머 메커니즘에 대해 논의한다. 우스갯소리의 구조를 살펴보고 그 부조화-해소 유형을 제시한다.

제5장에서는 비유와 유머의 관계에 대해서 논의한다. 비유와 유머는 '부조화'라는 측면에서 서로 공통점을 보인다. 비유에서 어떤 조건이 충족되어야 유머러스한 부조화를 얻게 되는지를 살피게 될 것이다. 비유와 유머가 어떻게 상호작용하는지 구체적인 우스개 구성체(조어, 성구, 구문 등)를 관찰하면서 살펴볼 것이다. 비유 현상은 은유, 직유, 환유를 중심으로 논의한다.

제6장에서는 유머 메커니즘에서 중요한 역할을 하는 말장난(언어유희)에 주목해 본다. 흔히 동음이의성에 근거하는 펀(pun)과 그 밖의 말장난을 구분하면서 다양한 유형의 언어 우스개에서 말장난이 어떤 역할을 하고 유머 효과를 얻는지를 살펴본다.

이 책에서는 유머언어학이 다루어야 할 것으로 보이는 영역들 가운데 많은 부분을 언급하지 못했다. 대신 몇 가지 중요한 영역을 예시적으로 보이면서 유머언어학의 가능성을 타진해 보는 것으로 만족해야 했다. 문제의 논의가 책의 성격을 띠다보니 많은 곳에서 느슨하게 기술되고 엄밀함이 부족하고 공백이 많이 생겼다. 첫술에 배부를 수 없듯이 걸음마 하는 심정으로 이 분야에서 첫발을 떼 보았다. 이 책을 집필하는 데 앞에서, 옆에서 도움을 주신 많은 분들께 감사를 드리며, 이 책이 앞으로 후속 논의를 이끌어내는 데 자극제가 된다면 더 바랄 나위가 없겠다.

I

인간과 유머

1

인간과 유머

1.1. '호모 리덴스'와 '호모 요코수스'

인간을 인간답게 하는 조건으로는 흔히 언어를 든다. '호모 사피엔스(*Homo sapiens*)'로 불리는 종(種, species)인 인간은 이름 그대로 '똑똑하다(*sapiens*)'. 그러나 '똑똑함', '영리함'은 인간만이 지닌 특성은 아니다. 정도의 차이는 있겠지만 인간의 사촌인 영장류를 비롯한 다른 동물들에게도 지능은 있다. 그래서 다른 동물과 구분되게 하는 인간 고유의 인지적 특성을 규정하는 데는 언어가 제격일 것이다. 다른 동물들의 제한된 수준의 신호 체계와 달리 인간의 언어능력은 매우 신축적이어서 한정된 수의 기호들을 연결하여 무한한 수의 문장을 만들 줄 안다. 이렇게 해서 우리는 세상에 관한 엄청난 양의 정보를 구성하고 저장하고 전달할 수 있으며, 무엇보다 우리가 생존하는 데 없어서는 안 되는 사회적 협력을 할 수 있다.

인간이 다른 동물과 다름을 나타내 보이는 또 다른 특성으로는 '웃음'을 들 수 있다. 인간과 생물학적으로 비슷한 침팬지 같은 유인원도 사람의 웃음과 비슷한 소리를 내고 표정을 짓는다. 하지만 인간의 웃음은, 인간의 언어가 다른 동물의 소통 체계와 질적인 차이를 보이는 것처럼, '인간다움'을 구성하는 중요한 특질이 된다. 웃음은 단순히 간지럽히기나 아산화질소(웃음가스)를 통해 일으킬 수 있는 생리적인 현상일 수도 있고, 기쁘거나 즐겁거나 행복해서, 안도를 느껴서, 어떤 대상이나 일이 웃겨서 일어나는 심리-생리적 현상일 수도 있다. 또한 웃음은 사회적 관계를 돈독하게 하거나 사람을 놀리기 위해 의도적인 기호로서 내보일 수도 있다. 이 책에서는 웃는 인간, '호모 리덴스(*Homo ridens*)'가 보이는 웃음 가운데서도 '웃김', '우스움'에 의한 웃음에 주목해 보려고 한다. 다시 말해, 이 책은 웃음 전반이 아니라, '유머'에 주안점을 두고, 유머와 언어가 어떤 관계를 보이고 상호작용을 하는지를 살펴보려고 한다.

인간에게 언어 능력이 왜 진화했으며 그 기능이 무엇인지에 대해서는 이견이 거의 없지만, 인간에게 유머 능력 또는 유머 감각이 왜 발생했으며 유머가 무엇을 위한 것인지에 대해서는 학설이 분분하다. 인간이 언어 능력을 타고나는 것처럼 유머 능력도 가지고 태어난다고 한다. 물론 후천적으로 환경과 문화에 따라 상이하게 특정 개별 언어가 습득되듯이, 보편적인 유머 능력이 구체적으로 발현되는 양상도 문화에 따라 차이가 있을 것이다. 인간은 무엇보다도 자기 존재를 성찰하는 자의식이 있고 언어가 있음으로써 다른 동물과 현저한 차이를 보인다. 성찰적 자의식이 있음으로써 인간은 단순히 외계의 변화만을 감지하는 차원을 넘어서 외계의 변화에 대해 자신이 반응을 한다는 변화를 알아차리며 그러한 반응에 대해 자기가 다시 반응을 하는 변화도 알아차린다. 이것이 언어와 함께 작용함으로써, 인간은 현실 세계를 정신적으로 재구성할 수 있게 되며, 현실 세계와 다른 다양한 가능 세계들을 구성할 수 있게 된다. 그래서 호모 사피엔스는 '호모 로쿠엔스(*Homo loquens*: 말하는 인간)'이면서 '호모 픽투스(*Homo fictus*: 지어내는 인간)'인 것이다. 그렇다면 인간에게 유머 감각은 왜 발생했는가?

일부 인지과학자들(예컨대 Hurley et al. 2011)에 따르면, 사고 능력과 감정을 지닌 인간이 정보처리를 할 때 기대에 의존하여 신속하고 경제적으로 사고하게 됨으로써 지식 표상에 모순, 잘못된 추론 등 오류가 발생할 수 있는데, 이를 탐지하여 데이터 무결성(data integrity)을 유지할 목적에서 유머 감각이 진화되었다고 한다. 이러한 탐지 보수 작업은 노력과 비용이 들어가는 성가신 일이지만 생존에 필요한 일이다. 그래서 이 일이 잘 이루지고 유지될 수 있도록 '유쾌함/즐거움/재미'[1]라는 보상이 따르게 되는데, 이것이 바로 우리가 유머를 즐기고 유머에 탐닉하게 되는 이유라고 한다. 이러한 진화론의 관점에서 본 유머는 "디버깅(debugging)의 재미"(Hurley 2006; Dennett 2009; Hurley et al. 2011)가 된다. 이러한 유머 현상은 대니얼 카너먼(Kahneman 2011)이 강조한 우리 인간의 두 가지 사고 모드, 곧 '직관적 사고'와 '의식적 사고'를 적용해서도 설명할 수 있을 것 같다. 우리 머릿속에는 '빨리 생각하는' 시스템("시스템 1")과 '천천히 생각하는' 시스템("시스템 2")이 있는데, 우리의 사고는 이 두 시스템의 상호작용으로 이루어진다. 시스템 1(직관적 사고)은 자발적으로 통제한다는 느낌 없이 거의 혹은 전혀 힘들이지 않고 자동적으로 빠르게 작동하는 것이고, 시스템 2는 복잡한 계산과 같이 주의 집중이 필요한 정신 활동으로서 추론을 통해 선택을 하고 결정을 하는 의식적인 사고 작용이다. 흔히 인간의 정신을 시스템 2와 동일시하지만, 우리의 실제

---

1) 재미의 본질에 대한 최근의 논의는 김선진(2013)을 참조할 수 있다.

생활에서는 시스템 1이 주도적인 역할을 한다. 인간의 집중력은 제한되어 있고, 주의를 집중하는 것은 노력이 들어가는 일이므로, 보통의 경우에는 시스템 1이 자동으로 작동하고, 시스템 2는 일부 역량만 가동하는 게으른 상태에 있게 된다. 시스템 1은 인상, 직관, 의도, 느낌 등을 지속적으로 생성하여 시스템 2에 제안하며, 별탈이 없으면 이것들은 시스템 2에 의해 승인된다(이때 인상과 직관은 믿음으로 바뀌고, 충동은 자발적 행위로 전환된다). 그러나 시스템 1은 직관의 '편향(bias)'으로 인해 결함과 오류를 보이기도 한다. 유머는 바로 자동 항법 장치처럼 잘 작동되던 시스템 1에 오류가 있음이 갑자기 어떤 자극에 의해 감지되어 시스템 2에 의해 정정되고 이에 대한 보상으로서 유쾌한 감정이 생기는 것이라고 할 수 있다.

유머의 진화론적 근거와 본질이 어떻든 간에 유머 현상은 인간의 삶에 깊이 스며 있다. 인간은 유머를 만들고 즐기기를 좋아하며, 이 가운데 유머는 인간 사회에서 사적으로든 공적으로든 중요한 역할을 수행한다. 인간은 유머를 즐기는 측면에서는 '호모 리덴스'라 할 수 있고, 유머를 만들 줄 아는 측면에서는 '호모 요코수스(*Homo iocosus*)'라 할 수 있다. 유머에 관한 논의에서 흔히 유머의 기능으로 빠뜨리지 않는 것은 유머는 기분을 좋게 하고, 스트레스를 해소해 주며, 분위기를 좋게 하고, 대인 관계를 원만하게 해 준다는 것일 것이다. 유머는 일상생활에 '양념' 또는 '활력소'가 되어 준다는 지적도 자주 접하는 단골 멘트이다. 물론 유머에는 이런 기능들이 부각되기는 하지만, 그 밖에도 다른 많은 중요한 역할들이 있다. 예컨대, 지능을 과시하는 수단이 되기도 하며, 불의를 비판하는 도구로 쓰이기도 하며, 일상의 현실을 '초월'하는 기능(Berger 2014)을 하기도 한다. 이처럼 유머는 매우 다양한 인지적, 감정적, 사회적 기능을 맡는다. 지금의 논의 단계에서는 너무 이른 성급한 추론일 수도 있겠지만, 유머는, 한마디로 말하자면, 인지, 감정, 사회의 영역에서 '잘못'되어 가는 것을 '바로잡는' 교정 수단이 되는 것이라고 할 수 있다.

1.2. 들어가기에 앞서: "유머"라는 말의 쓰임새

앞에서 우리는 "유머"라는 용어가 가리키는 것이 무엇인지 명확하게 규정하지 않고 사용해 왔다. 유미에 대한 상세한 규정은 앞으로 이 책이 전개되면서 이루어져야 될 부분이지만, 본론에 들어가기에 앞서 개략적인 윤곽이 필요할 것 같다. "유머"는 논자에 따라 문제가 되는 현상의 특정한 한 측면만을 가리키기도 하고, 그 현상 전체를 아우르는 넓은 의미로도 사용되고 있다. 국립국어원의 『표준국어대사전』에서는 유머를 "남을 웃기는 말이나 행동"으로 좁게 규정하고 있다. 일상어의 "유머" 쓰임새("유행하는 유머", "야한 유머", "유머를 즐기다" ...)를 보면 사전의 이 규정이 맞는 것 같다. 하지만 "유머가 있는 사람" 같은 쓰임새에서 "유머"는(좁은 의미의) 유머를 이해하거나 만들어낼 줄 아는 능력, 곧 흔히 말하는 '유머 감각'으로 이해되는 것 같다. 이 책에서는, 좀 더 나아가, "유머"를 유머 자극, 유머 이해, 유머 체험, 유머 감정, 유머 능력 등 유머 현상 전반을 포괄하는 개념으로 이해하고자 한다.

한국어에서 "유머"라는 말은 일반적으로 영어 "humo(u)r"의 음역으로 알려져 있다.[2)] "유머"의 뿌리가 되는 라틴어 "(h)umor"는 원래

2) 그러나 원음에 가까운 "휴머"가 아니라 "유머"로 고착된 것은 "ユーモア" [유-모아]라는 일본어 징검다리를 거친 탓인 듯하다("유머"의 이전 단계로 볼 수 있는 "유모어"는 1990년대까지도 문헌에 흔히 나타난다). 일본어에서 [h] 음의 탈락은, 확실하지는 않지만, 아마 프랑스어 "humour"[위무르]의 영향이 아닌가 한다. 이 영어, 프랑스어의 어원은 라틴어 "humor"인데, 이 말과 함께 "umor"가 쓰인 점도 고려할 만하다.

고대 생리학의 용어로서 인간의 기질(다혈질, 점액질, 담즙질, 우울질)을 결정한다는 네 종류 체액(혈액, 점액, 황담즙, 흑담즙)을 뜻했다. 이 체액들이 균형을 이루어야 심신이 건강하다고 하는데, 영어 표현 "be in good humor"('기분이 좋다')는 그러한 믿음이 언어에 반영된 것으로 볼 수 있다. 이러한 어원적 측면은 "유머"가 어떤 즐거운 감정과 결부되는 점을 부각시키는 것으로 보인다. 또한 "유머"는 체액의 불균형이 어떤 특정한 기질로 쏠리게 함으로써 이러한 사람이 비정상적인, 우스꽝스런 행태를 보이는 점이 반영된 것이라 할 수도 있다. 그러나 오늘날 "humo(u)r/유머"라는 말의 쓰임새는 유머 현상에 수반되는 우스움과 같은 특별한 감정을 가리키지는 못하는 것 같다. 뒤에서 살펴보겠지만, 영어에서는 이러한 감정을 지칭하는 데 다양한 용어들(예: "mirth", "amusement", "hilarity")이 따로 쓰이고 있기 때문이다. 또한 "humo(u)r"(프랑스어 "humour", 독일어 "Humor")가 오늘날 유머의 의미로 사용된 것은 18세기부터이므로, 그 이전에 같은 현상을 지칭해 온 "laughter/웃음", "희극/comedy"에 대한 논의도 유머 연구에서는 고려해야 한다.

이 책에서 이해하는 유머 개념의 사용에 걸림돌이 되는 또 다른 요인은 유머와 겹치거나 구체화하거나 관계하는 수많은 다른 말들이 함께 쓰이고 있다는 것이다.

(a) 웃음

(b) 우스움, 웃김

(c) 우스개, 우스갯소리, 우스갯말, 우스갯짓; 웃음엣소리, 웃음엣말, 웃음엣짓

(d) 익살; 해학(諧謔), 골계(滑稽); 농담(弄談)

(e) 코믹(comic), 조크(joke), 개그(gag)

심지어 『표준국어대사전』에서는 외래어인 "유머"를 "우스개", "익살", "해학"으로 순화해서 사용하자는 제안을 하고 있다. 그러나 "유머"는 그 실제 용례를 보더라도 '남을 웃기는 말이나 행동'이라는 우스개의 의미로 제한되어 쓰일 수는 없다.

이 책에서 사용하는 "유머"는 기본적으로는 문제의 현상 전체("유머 현상")를 아우르는 넓은 의미로 사용하며, 유머 현상 가운데 특정 측면을 지칭하는 좁은 개념으로도 사용할 것이다. 이에 대한 판단은 맥락에 따라 자연스럽게 이루어질 수 있을 것이다. 물론, 필요에 따라서는 명시적으로 "유머 자극(우스개)", "유머 감정(우스움)" 등을 언급함으로써 오해를 피하기도 할 것이다.

1.3. 웃음과 유머

전통적으로 "웃음"과 "유머"는 같은 의미로 쓰이는 경우가 많았고 이 경향은 오늘날에도 여전히 남아 있다. 하지만 웃음과 유머는 별개의 영역으로 구분되어야 할 현상이다. 모든 웃음이 유머에 동반하는 것은 아니며(웃기지 않은 상황에서도 웃을 수 있다), 유머에 반드시 웃음이 따르는 것도 아니다(유머 감정만 느끼고 웃음은 표출하지 않을 수도 있다). 다시 말해, 웃음은 유머의 필요충분조건이 아닌 것이다. 물론, 이 말은 유머와 웃음 사이에 관련이 없다는 뜻은 아니다.

웃음 연구(gelotology)로 잘 알려진 미국의 신경심리학자 로버트 프로바인(Provine 2001: 40)의 연구(실제 대화웃음 녹음 1,200건의 분석)에 의하면, 웃음이 일어나기 바로 앞에 행해진 말들 가운데 10-20%정도만 다소 웃기는 것으로 평가되었다. 그(Provine 2012: 57)는 "웃음은 유머에 관한 것이라기보다는 관계에 관한 것"이라고 결론짓는다. 사실 웃음의 성격과 종류는 아주 다양하다. 대다수 종

그림 1. 뒤센 웃음

류의 웃음은 사회적 관계와 상황을 고려하여 의도적으로 지어 보이는 웃음이다. 진정으로 즐겁거나 웃겨서 웃는 웃음은 한 가지 종류밖에 없다고 한다. 이 진짜 웃음은 프랑스의 해부학자 기욤-뱅자맹 뒤센 드 불로뉴(Duchenne 1862)의 이름을 따서 흔히 "뒤센 웃음(Duchenne laughter/smile)"으로 부른다. 그가 밝힌 이 진짜 웃음은 큰 광대뼈 근육이 움직여 입꼬리만 올라가는 것이 아니라, 눈 둘레 근육(*orbicularis oculi*)이 수축되어 눈꼬리 쪽에 (까마귀발 모양의) 주름(crow's feet)까지 잡히는 것이다(Ekman et al. 1990; Hurley et al. 2011; Martin 2007). 마음에도 없이 의례적으로 웃는 겉웃음이나 선웃음, 사교적인 웃음, 분위기 맞추려고 따라 웃는 웃음, 당황함을 모면하려고 짓는 웃음 등 다양한 '가짜' 웃음은 입꼬리만 인위적으로 올리는 것이다. 반면에 뒤센 웃음으로 생기는 까마귀발 주름은 저절로 생기는 것이지 억지로 만드는 것이 아니다. 뒤센 웃음은 진정한 기

그림 2. 비뒤센 웃음

뻠, 즐거움, 유쾌함의 표현일 뿐만 아니라, 유머 감정의 표출로서도 발생할 수 있다. 물론, 뭔가 웃기는 것, 곧 유머 자극이 있을 때, 항상 큰 소리로 웃는 뒤센 웃음으로만 반응하는 것은 아니다. 소리 내지 않고 볼웃음을 짓기도 하고, 키들거리며 속웃음을 웃을 수도 있고, 단순히 우습다는 감정만 느낄 수도 있다.

따라서 웃음과 유머는 현상적으로 일치하는 것이 아니라 부분적으로만 겹칠 뿐이다. 즉, 웃음은 유머 이외의 생리적, 심리적, 사회적인 용도로도 쓰이는 것이다. 그래서 유머 자극을 단순히 '우리를 웃게 하는 대상(말, 일, 행동 등)'으로 규정할 수는 없을 것이다. 물론, 유머와 관련하여 쓰이는 한국어 "우습다", "웃기다", "우스개"에는 '웃다/웃음'이 핵심 의미소로 자리 잡고 있다. 이때의 '웃음'도 유머의 본유 특성임을 주장하는 것이 아니라, 많은 경우 웃음이 유머 현상에서 겉으로 나타나는, 오감으로 감지할 수 있는 도드라진 특성이 되므로, 유머를 환유하는 명명 동기가 될 뿐이라고 이해해야 할 것이다.

이처럼 웃음과 유머가 같은 것이 아니며, 웃음은 일부 유머러스하지 않은 상황에 대한 반응으로서도 나타날 수 있음으로 해서, 이제 웃음은 유머에 부수하는 현상이 아니라, 유머를 포함하는 다양한 영역들을 아우르는 상위개념의 현상으로 봐야 할 것이다. 말하자면 '유머 연구'는 포괄적인 '웃음 연구'의 하위 분야가 되어야 하지 않을까 한다.

1.4. 유머 감정: '우스움'

유머는 단순히 우스움이라는 고유 속성을 갖는 어떤 자극이 있고 여기에 반사적으로 반응하는 것이 아니다. 유머는 우리 마음속의 생각, 지식, 감정, 태도 등에 의존하는 복잡한 과정이다. 유머는 유머 자극이 '우스움'이라는 어떤 감정을 우리 마음속에 일으키는 포괄적인 과정이라고 할 수 있다. 그런데 이 우스움이라는 감정을 어떻게 규명하고 이해해야 할지는 여전히 확실하지 않다.

여기서 유머 현상에 수반하는 감정을 "우스움"이라 지칭했지만 오해의 소지가 없는 것은 아니다. 일상적으로 "우스움"이라는 말은 마음의 어떤 상태를 나타내기보다는 주로 마음 바깥의 대상이 갖는 속성을 지칭하는 데 쓰인다("우스운 사람/행동/이야기/사진"). 그러나 이러한 말 쓰임은 일종의 투사오류(projection error)로 봐야 할 것이다. 즉, 마음의 감정 상태가 대상에 투사되어 그 상태가 마치 그 대상의 속성인 것처럼 생각하는 것이다. 물론 이 말은, 우스움은 대상의 어떤 객관적인 특성과 관계없는, 순전히 주관적인 심적 구성체라는 것은 아니다. 감정은 외부의 자극이 있어야 생성되는 인과적인 것인데, 이 점은 유머의 경우에도 예외가 아니다. 예컨대 '무서움', '부끄러움'을 '느끼는' 것처럼, '우스움'도 '느끼는' 것이다. '우스운 사람'은 엄밀하게 말

하자면 '우습게 *느껴지*는 사람'이다. 전자는 후자의 줄임말로 이해해야 될 것이다.[3)]

이 책에서는 이러한 우스움을 유머 현상에 수반되는 기본 감정으로 보고자 한다. 유머 체험에서는 우스움이라는 감정 외에도 부수 효과로서 우리 마음에 지적인 '즐거움/재미'도 남겨질 수 있다. 유머 자극에 의해 촉발되는 이러한 감정 상태들을 통칭해서 이 책에서는 편의상 "유머 삼성"으로 부르겠다. 영어에서도 이 유머 감정을 지칭하기 위해 별도로 마련된 일상어가 없다. "humor"라는 말은 주로 유머 현상 전체를 가리키거나 유머 자극을 가리킬 뿐 유머 감정 자체를 대신하는 말로는 쓰이지 않는 것 같다. 이러한 어휘공백을 메우기 위해 학자에 따라서는 "mirth", "amusement", "hilarity", "exhilaration" 등 다양한 용어가 제안되어 쓰이고 있을 뿐이다. 그 이 용어들은 유머 고유의 감정만을 담기에는 너무 포괄적이며 일반적이다. 따라서 캐럴(Carroll 2014)의 "comic amusement"와 같은 제안이 더 적절해 보인다. 체이프(Chafe 2007)는 "the feeling of nonseriousness"(심각하지 않음의 감정)라는 다소 번거로운 용어를 제안했는데, 이것은 유머 감정에만 적용되는 것이 아니라, 유머와 웃음이 공유하는 감정으로서 제안된 것이다. 이 책에서는 맥락에 따라서 유머 감정을 "우스움", "웃김", "우스운 재미" 등으로도 표현할 것이다.

1.5. 유머와 사회

유머는 우리 마음속에서 일어나는 인지와 감정의 현상이면서 또한

3) 영어에서 '우습다/웃기다'의 의미를 갖는 "humorous, funny, ludicrous, comical, witty, satiric, farcical, jokey" 등의 경우도 비슷하게 해석해야 할 것이다.

사회, 문화적인 현상이기도 하다. 유머는 사회적 상호작용 속에서 실천, 공유, 전파되는 소통의 한 형태라고 할 수 있다. 특정한 장소와 시간에 이루어지는 유머 소통은 실용적인 정보를 교환하는 소통은 아니겠지만 사회 일반 또는 특정 사회집단에서 사회, 문화, 도덕적 질서와 관련하여 중요한 태도, 가치, 정서를 나누는 소통이라고 볼 수 있다. 유머는 단순히 개인적 차원의 체험으로만 볼 수 없는, 사회적 관계 속에서 이루어지는 소통이다. 유머에서 유머 생산자(익살꾼), 유머 소비자(청중/관중), 유머의 표적(웃음거리) 등 사이에서 형성되는 사회적 관계도 중요하게 작용한다. 유머에는 권력, 갈등, 위계질서, 차별, 배제, 터부와 같은 사회적 측면도 반영된다. 따라서 유머에 대한 접근에서는 유머가 수행하는 사회적 기능과 유머가 사회적으로 형성되는 측면에 대해서도 고찰할 필요가 있다.

유머의 사회적 기능으로서 먼저 들 수 있는 것은 구조적 갈등과 모순이 내재해 있는 상황에서 긴장을 이완시켜 주는 기능이다. 이 기능의 원형을 보여주는 사회적 관계는 인류학에서 흔히 말하는 '농담관계(joking relationship)'일 것이다. 농담관계란, 래드클리프-브라운(Radcliffe-Brown 1940, 1949)에 따르면, 두 사람 사이의 관계로서 한쪽이 다른 쪽을 놀리거나 무례하게 농을 거는 것이 관습에 의해 허용된 관계를 말한다(이때 웃음거리가 된 쪽은 기분 나빠하면 안 된다). 이 관계는 대칭적이어서 서로가 놀릴 수 있는 경우도 있고, 한쪽만 일방적으로 놀릴 수 있거나 양자 사이에 놀림 정도의 차이가 큰 비대칭적인 경우도 있다. 이러한 농담관계는 우호와 적대가 교묘하게 결합된 것이라 할 수 있다. 예컨대 아프리카 부계사회에서 외삼촌과 남자 조카 사이가 비대칭적 농담관계에 있는데, 조카가 외삼촌을 놀린다. 그리고 교차사촌(외종, 고종 사촌)끼리는 대칭적 농담관계가 성립한다. 보통 비서구 사회에 존재하는 이러한 농담관계는 특수한 관계

(특히, 가족, 친척 관계)에 내재해 있는 긴장을 처리하고 사회질서를 유지시키는 방식으로 여겨진다. 하지만 서구 사회에서도 이와 유사하게 의무적이지 않은, 상황에 따른 농담관계 설정을 통해 직장 등의 사회적 환경에서 긴장과 갈등을 해소하기도 한다(예컨대, Bradley 1957; Schütte 1991).

유머의 또 다른 사회적 기능은 사회적 교정 기능을 들 수 있다(Powell & Paton 1988; Billig 2005). 특히 비웃음, 조롱에 가까운 우스개는 사회적 질서에 대한 위반을 비웃거나 어떤 일이 올바름에서 벗어남을 드러낸다. 위계질서에서 벗어난 것, 정상적인 것에서 벗어난 것에 대한 반응은 공격적이고 신랄한 비판이 될 수도 있겠지만, 유머에 의한 사회적 교정은 덜 공격적이고 비교적 유순한 형태로 볼 수 있다. 잘못에 대한 (비)웃음은 흔히 유머의 부정적인 측면으로 비판되어 온 부분이기도 하지만, 이러한 (비)웃음은 (비)웃음을 당하지 않으려는 노력을 불러올 수 있기 때문에 사회적 질서를 유지하는 데도 기여할 수 있는 것이다.

우리는 유머를 통해 다른 사람들을 '비웃기'도 하지만, 다른 사람들과 '함께 웃기'도 한다. 즉, 유머는 사회적 위계질서 유지 기능뿐만 아니라, 사회적 결속 기능도 하는 것이다. 사실 유머는 혼자 즐기기보다는 다른 사람들의 반응도 기대하면서 함께 즐겨야 더 재미있고 효과적이다. 유머는 일상사에서 잠시 벗어나 유희적 모드로 들어감으로써 사람들 사이의 사회적 거리를 좁혀 '하나'로 묶어 주는 기능을 한다. 유머는 친구들 사이에서 우정을 돈독히 해 주기도 하지만, 처음 보는 사람들 사이에도 마음의 벽을 허물어 준다. 또한 직장에서 상사를 유머의 표적으로 삼음으로써 직원들 사이에 은밀한 연대감을 공유할 수도 있다. 이렇게 해서 인류학자 빅터 터너(Turner 1982)가 말하는 '코무니타스(communitas)'와 같은 상태가 일시적으로 만들어진다고도 볼 수 있다.

물론 유머는 이러한 사회적 순기능들만 발휘하는 것이 아니라, 다루는 내용, 사회적 관계, 사용 맥락에 따라서는 부정적으로 작용할 수도 있다. 유머는 사회적 결속, 교정, 긴장해소를 통해 사회질서 유지에 기여할 수도 있지만, 타자를 모욕하거나 조롱하거나 풍자함으로써 갈등, 적대감, 저항을 조장하는 사회적 위협이 될 수도 있다(예컨대, 2015년 프랑스 풍자신문 <샤를리 에브도>의 이슬람 풍자로 야기된 테러 사건).

이처럼 유머가 공격의 무기 또는 방어수단이 될 수 있다는 것은 잘 알려져 있다. 특히 우스갯얘기가 민족이나 종족, 정치 문제를 주제로 하는 경우에는 유머의 표적이 분명하게 설정됨으로써 갈등, 집단 적대감과 결부되기 쉬울 것이다. 이때 유머는 내집단(ingroup)에서는 결속을 강화하는 긍정적인 기능을 하지만, 집단 상호간 관계에서는 공격과 저항을 표현하는 무기가 될 것이다. 과거 나치 지배와 공산주의 치하에서 정치적 유머가 양산되었는데, 이 정권에 대해 직접적인 반대의 목소리를 낸다는 것은 어렵고 위험했으므로 유머의 형식으로 은밀한 소극적 저항이 이루어진 것이다. 물론 상황에 따라서는 정치적 유머가 좀 더 적극적인 저항의 형태를 띨 수도 있다. 즉, 유머는 차별 당하고 부당한 대우를 받는 가난한 약자들의 무기가 될 수도 있는데, 보통 당연시되거나 침묵되었을 문제가 논의되는 담론의 장이 되어 줄 수 있는 것이다. 또한 좀 더 개방적인 서구 사회에서는 풍자와 정치 유머를 전문으로 하는 인물, 장르, 출판물 등이 제도적으로 마련되어 있어 유머를 통해 정치가 공개적으로 비판될 수 있는 자유 공간이 되고 있으며, 정치 단체나 사회운동 단체에서도 유머를 자신들의 입장을 표명하는 데 이용하기도 한다.

유머는 그 외에도 사회적으로 매우 다양한 기능과 역할을 수행할 것이다. 유머는 직설적이지 않고 빗대고 에두르는 모호함을 이용함으로써 심각할 수 있는 문제나 터부시되는 주제를 심각하지 않게 거론할 수 있게도 해 준다. 또 유머는 사회적 상호작용에서 프레임을 재설정하고 의미와 관계와 상황을 새롭게 형성하는 기능도 수행한다. 더 나아가서는 유머는 세상을 보는 관점이나 살아가는 방식이 되기도 한다.

1.6. 유머 기호로서의 '우스개'와 유머 세미오시스

인생이 연극이라면, 절반은 비극이고, 절반은 희극이다. 삶에서 '희극성'이 차지하는 비중이 그렇게 큰 만큼 희극적인 것, 유머러스한 것, 우스운 것의 종류와 성격도 매우 다양할 것이다. 유머는 우스움을 일으키는 자극을 생산하고 그 자극을 통해 우스운 재미라는 정서적 반응을 야기하는 마음의 작용이라고 볼 때, 유머의 출발점 또는 계기가 되는 '유머 자극(humorous stimuli)' 자체에 주목하여 그것의 다양성과 기호(記號, sign) 특성을 잠시 살펴볼 만하다. 유머 자극은 한국어 "우스개"에 상응하는 것으로 보고 이 두 표현을 호환 가능한 것으로 사용하겠다.

유머 현상은, 넓은 의미의 일반적인 차원에서 보자면, 뭔가 어떤 메시지를 전달하는 기호가 있고 그것과 그것을 해석하는 해석자가 관계하여 이루어지는 세미오시스(semiosis), 곧 기호활동(또는 기호작용)으로 볼 수 있다. 퍼스(Charles Sanders Peirce) 식으로 말하면, 어떤 무엇이 있고 그것이 누군가에게 어떤 특정한 점에서 다른 무엇과 관계를 맺을 때 그 어떤 무엇을 일컬어 기호라 한다. 유머 자극은 그러한 기호를 구현하는 특별한 재현 형식으로 볼 수 있다. 그렇다면 유머에서도 퍼스가 말하는 기호의 3항 관계, 곧 '표상체(representamen)

- 해석체(interpretant) - 대상(object)'의 관계가 형성된다. 기호활동이 이루어지기 위해서는 기호(표상체), 이 기호를 해석하는 해석자, 그리고 이 기호에 의해 해석자에게 전달되는 메시지가 있어야 한다. 해석자는 유머 자극이라는 기호를 지각하면서 메시지를 해석하는 반응을 보인다. 이러한 해석자의 반응을 '해석체'라 할 수 있겠다. 유머 기호는 이러한 해석체의 중개로 대상과 관계를 맺게 됨으로써 '의미'라는 가치를 얻게 된다.

유머 하면 보통 인간의 대표적인 기호체계인 언어를 떠올리게 된다. 그러나 유머는 사실 인간이 사용하는 거의 모든 기호체계를 통해 구현될 수 있는 현상이다. 이미 유머에 관한 전통적인 논의에서 '유머의 형태(forms of humor)' 또는 이와 유사한 명칭 하에서 유머 자극의 다양한 유형이나 종류에 대한 분류가 있어 왔다. 대체로 매체(medium)를 기준으로 해서는 흔히 '언어 유머(verbal humor)', '시각 유머(visual humor)', '신체 유머(physical humor)'가 구분되어 왔다. 그러나 '매체' 개념이 포함하고 있는 다양한 의미 차원을 고려하면, 좀 더 세부적이고 구체적인 분류도 가능하다. 최근에는 '양식(mode)'과 '양식성(modality)'이라는 개념이 매체의 다양한 측면을 지칭하는데 사용되고 있는데, 이에 따르면 언급한 전통적인 분류는 크게 두 차원으로 다시 구분되어야 한다. 양식성의 두 차원, 곧 '감각양식성(perceptual modality)'과 '기호양식성(semiotic modality)'에 따른 분류가 가능할 것이다.

감각양식성은 인간의 오감(시각, 청각, 후각, 미각, 촉각)과 관계하는 것이다. 주로 그림의 영역에서 시각 유머가 언급되어 왔지만, 음악에서 가능한 청각 유머(예컨대 하이든의 <놀람 교향곡> 2악장)도 논의되고 있다. 나머지 감각양식들에서도, 앞으로 연구가 필요하겠지만, 유머 표현의 가능성은 마찬가지로 열려 있을 것으로 본다. 예컨대 간지럽히기는 일종의 촉각 유머가 아닐까 한다. 그리고 사람들은 방귀에 웃음을 터뜨리게 되는데, 이것은 청각-후각 유머로 볼 수 있을 것 같다. 기호양식성은 언어(음성언어, 문자언어), 이미지, 그림, 사진, 음악, 동작 등 다양한 기호체계(코드)와 관계한다. 감각양식성과 기호양식성은 서로 연관성이 있는데, 특정 기호양식은 특정 감각양식(들)에 의존할 수밖에 없기 때문이다. 이런 관점에서는 각 기호양식에 따른 유머(언어 유머, 그림 유머, 음악 유머, 동작 유머 등등)가 가능할 것이다.[4]

그러나 인간의 실제 커뮤니케이션과 문화 텍스트는 순수하게 단일한 기호양식을 통해 이루어지기보다는 둘 이상의 상이한 기호양식들이 복합적으로 상호작용하여 이루어지는 것이 보통이다. 이러한 측면을 일컬어 흔히 '복합양식성(multimodality)'이라고 한다(Kress & Leeuwen 1998, 2001, 2006; Kress 2010). 인간이 몸으로 직접 하거나 기술을 통해 간접적으로 하는 모든 커뮤니케이션은 복합양식적인 것이 된다. 일상생활에서 또는 영상에서 보이는 인간의 커뮤니케이션은 언어, 몸짓, 표정, 자세 등 여러 가지 기호양식이 공동으로 참여하여 이루어진다 영화는 이미지, 언어, 음악의 복합체이며, 만화는 이미지와 문자언어의 복합체이다. 프린트나 온라인 매체에서 보여 주는 텍스트는 문자언어, 그림, 하이퍼링크, 동영상 등이 함께 나타날 수 있다.

이러한 복합양식성은 유머 자극을 구현하는 데도 마찬가지로 중요한 특성이 될 수 있다(Tsakona 2009; Attardo et al. 2011; Attardo et al. 2013; Veale 2008; Norrick & Chiaro 2009; Chovanec & Ermida 2012 등). 대표적인 복합양식 우스개로는 만화, 카툰, 개그 프로그램,

4) 국내에서 디자인을 중심으로 한 시각적 유머에 대한 최근의 논의로는 박영원(2013)을 꼽을 수 있다.

코미디언 공연, 서커스 어릿광대 공연 등을 들 수 있을 것이다. 최근에 뷔삭(Bouissac 2015)은 서커스에서 어릿광대(clown)가 언어, 분장, 몸짓, 행동 등으로 보이는 복합양식적인 유머 표현에 대해 기호학적으로 접근한 바 있다. 얼핏 볼 때 단일 기호양식이 사용되는 것으로 여겨지는 언어 유머도 실제 대화에서 구현될 때는 음성언어뿐만 아니라, 몸짓, 억양, 리듬 등 다른 기호양식들을 통해 실현될 수밖에 없다. 이 책에서는 유머와 언어의 관계에 주목하므로 언어 유머에 대한 논의에 주력할 것이다. 언어와 그 밖의 다른 기호양식이 상호작용하는 언어-비언어 복합양식 유머(예컨대, 카툰)에 대한 논의는 또 다른 방대한 주제이므로 이에 대해서는 필요한 경우에만 간단히 언급하는 것으로 그치겠다.

II 유머학과 유머 이론

2

유머학과 유머 이론

서구에서 유머 현상에 대한 학문적인 성찰은 인간에 대한 성찰의 역사와 궤를 같이 한다. 플라톤, 아리스토텔레스와 같은 고대 그리스 철학자들에서 출발하여, 키케로, 퀸틸리아누스와 같은 고대 로마 수사학자들과 르네상스를 거쳐, 데카르트, 파스칼, 홉스, 칸트, 헤겔, 쇼펜하우어, 키에르케고르, 베르그송, 프로이트 등 근대의 걸출한 사상가들에 이르기까지, 유머와 이와 결부된 웃음은 끊임없는 논란과 긍정적 혹은 부정적 평가의 대상이 되어 왔다. 인간에게 유머와 웃음은 당연히 주어져 있는 것이지만 그 존재 이유에 대해서는 어느 누구도 확실하게 답을 못해 온 신비의 영역이다. 오늘날에도 이 신비에 대한 도전은 계속되고 있는데, 이 움직임은 학문 생태계에서 '유머학(Humor Studies)' 또는 '유머연구(Humor Research)'라는 이름을 걸고 새롭게 변화된 모습으로 나타나고 있다.[1] 이 명칭이 함의

---

1) 이와 관련하여 일찍이 "humorology"(Apte 1988)라는 신조어 명칭도 제안된 바 있다.

하는 것은 유머 현상이 특정한 개별 분과학문의 접근만으로는 연구될 수 없으며, 다양한 관련 분과학문들의 상호협력에 의한 학제적(interdisciplinary) 접근이 필요하다는 것일 것이다. 유머와 관계하거나 관계할 수 있는 개별학문들의 스펙트럼은 매우 넓다. 실제 학문적 연구가 실천되어 왔고 되고 있는 현실을 고려해 볼 때 대표적인 것은 아무래도 심리학일 것이다. 이어서 언어학, 문학, 사회학, 철학, 인류학, 민속학, 커뮤니케이션학, 매체학, 전산학, 번역학 등을 꼽을 수 있다. 이 스펙트럼은 시간이 갈수록 더 넓어질 것으로 기대된다. 오늘날 유머를 연구하는 학자들의 대표적인 공동체는 1987년에 결성된 <세계유머학회(ISHS: International Society of Humor Studies)>인데, 이 학회에서는 1988년부터 학회지 『유머: 국제유머연구저널(HUMOR: International Journal of Humor Research)』을 발행하기 시작했다.[2] 이러한 흐름을 반영하는 유머학에 대한 전체적인 조망은 특히 라스킨이 편집한 『유머연구 입문(The Primer of Humor Research)』(Raskin 2008)에서 얻을 수 있다.

이 장의 나머지에서는 오늘날 유머학의 토대가 되는 고전적인 유머 이론들을 개관하고, 특히 유머언어학의 토대가 될 부조화-해소 이론에 주목해 보겠다.

2) 그 밖의 유머 관련 학회 및 저널 목록은 최근에 발간된 유머학 백과사전(Attardo 2014: 831-835)에 실려 있다.

2.1. 고전적 유머 이론들

수백 년 간 많은 학자들이 유머의 근원과 성격을 규명해 보려고 한 만큼, 유머의 이론도 다양하다. 그레이그(Greig 1923)는 플라톤부터 시작해서 맥스 이스트먼(Eastman 1922)에 이르기까지 철학자, 심리학자, 작가, 비평가 등이 개진한 이론적 견해 97가지를 자신의 저서 부록에 요약해서 소개한 바 있다.[3] 이 이론들은 서로 겹치거나 유사한 점이 많으므로 이것들을 분류 또는 범주화해 보려는 시도도 있기 마련이다. 패트리셔 키스-스피겔(Keith-Spiegel 1972)은 여덟 가지 이론 그룹(생물학적 본능-진화 이론, 우월성 이론, 부조화 이론, 놀람 이론, 양가감정 이론, 이완 이론, 게슈탈트 이론, 정신분석 이론)을 제시했으며, 로드 마틴(Martin 2007)도 좀 더 좁혀 다섯 갈래(정신분석 이론, 우월/경멸 이론, 각성 이론, 부조화 이론, 역전 이론)를 구분한 바 있다. 라스킨(Raskin 1985)은 좀 더 간단하게 정리하여 세 부류를 제안하는데, 사회-행동적인 우월성 이론, 정신분석적인 이완 이론, 그리고 인지-지각적인 부조화 이론이다. 오늘날 유머이론을 개관하는 대다수 문헌에서는 명칭은 다소 다르게 붙여지기도 하지만 기본적으로는 라스킨의 3분법을 따르는 것이 거의 관행이 된 듯하다. 이 책에서도 이 3대 이론을 중심에 놓되, 부조화 이론에 방점을 찍으며, 추가로 언급할 가치가 있는 몇 가지 이론을 더 소개하고자 한다.[4]

---

3) 그러나 전통적인 견해들에 대해 '이론들'이라는 명칭을 붙이기는 하지만, 대다수는 어떤 다른 주제를 논의하던 중에 언급된 몇 단락 안 되는 내용에 불과하거나 에세이 정도의 글일 뿐이다. 저명 학자로서 웃음과 유머에 관한 책을 낸 것은 20세기에 들어서면서인데, 베르그송(Bergson 1900)과 프로이트(Freud 1905)를 들 수 있다.

4) 이 책에서 취하는 태도와 비슷한 것은 헐리 등(Hurley et al. 2011), 모리얼(Morreall 2009, 2013), 캐럴(Carroll 2014)에게도 찾아 볼 수 있다.

2.1.1. 우월성 이론

우월성(superiority) 이론은 유머의 부정적이고 공격적인 측면을 부각시킨 이론이다(아타르도[Attardo 1994]는 이 측면의 이론을 아예 "적대[hostility] 이론"으로 부른다). 이 이론은 플라톤과 아리스토텔레스에게서 싹이 보였고 토마스 홉스(Thomas Hobbes: 1588-1679)에 와서 구체적인 윤곽이 부여되었다.

플라톤(2005)은 『대화편』 중 『필레보스』에서 우스움에 관한 소크라테스의 견해를 기술하고 있는데, 사람이 자기 자신에 대해 무지하면 이것은 악(惡)이 되고 웃기는 것이라고 본다. 이를테면 부자도 아닌데 부자인 척하거나 똑똑하지도 않은데 똑똑한 척하는 것이 그렇다. 힘 있는 자의 무지는 비웃음을 당하면 힘 있는 자가 복수할 수 있으므로 가증스럽고 추하지만, 힘없는 자의 무지는 그렇게 하지 못하므로 우스꽝스러운 것이 된다. 아리스토텔레스(2013)는 『시학』에서 희극을 "보통보다 못한 사람들을 모방하는 것"으로 보았는데, 희극적인 것(우스꽝스런 것)은 추함의 일종으로서 남들에게 고통이나 해를 끼치지 않으면서 모자라거나 흉한 것이 된다.

홉스의 유머와 웃음에 대한 견해는 『인간 본성(Human Nature)』(Hobbes 1650: 45-47), 『리바이어던(Leviathan)』(Hobbes 1651: 46), 『인간론(De Homine)』(Hobbes 1658: 59-60)에 간결하게 개진되어 있다. 이에 따르면, 웃음의 감정은 사람이 자신의 능력이 뛰어남을 문득 깨닫게 될 때 생기는 "갑작스런 영광(sudden glory)"이다. 이 감정은 남이 나 자신보다 뒤떨어지는 결점이 있음을 비교를 통해 알게 되거나 과거의 나 자신이 지금의 나보다 못한 점을 상기하게 될 때에도 생기는 것이다. 물론 후자의 경우에는 과거의 어리석음이 현재에 불명예가 되지 않는 한에서 그럴 것이다(Hobbes 1650: 46). 이러한 웃음의 감정은 그동안 자신의 능력을 과소평가했던 소심한 사람에게서 잘 일어난다(Hobbes 1651: 46). 이 "갑작스런 자기 칭찬(sudden self-commendation)"은 (친구나 친지가 아닌) '모르는 사람'의 '볼품없음'을 '갑자기' 알게 되는 데서 발생한다(Hobbes 1658: 59).

이 이론이 말하는 대로 실제로 상당수의 우스갯소리나 웃음 사례는 타인의 실수나 모자람을 대상으로 한다(널리 유행하는 우스갯얘기 가운데는 민족, 직업을 비교한다든지, 지적 수준이 떨어지는 유형, 술주정뱅이, 신체적 결함을 가진 사람 등을 등장시키는 것이 많다). 또한 자기 자신의 어처구니없는 행동, 예컨대 손에 볼펜을 쥐고 있으면서 볼펜을 찾는다든지, 초인종 소리에 '누구세요?' 해야 하는데 '여보세요?' 한다든지 하는 사건은 자기 자신에 대해 웃음을 짓게 만드는 에피소드가 된다. 홉스 식으로 해석하자면, 지나간 나의 어리석은 행동은 지금 다시 제 정신인 정상적인 나 자신의 시각에서 볼 때는 우스운 것이 된다. 그러나 '상대의 모자람/자신의 우월감'이 유머 감정/웃음을 유발하는 직접적인 요인인지는 명확하지 않다. 이 문제는 이미 언어 표현에도 배태되어 있다. 즉, 영어에서 "laugh"는 한국어에서는 구분하는 "웃다"와 "비웃다"를 모두 포괄하는 개념으로 쓰인다. 한국어에서는 어떤 웃음 사건의 경계가 모호할 때 흔히 "너보고 *비웃은* 게 아니라, 재미있어서 *웃었어*."와 같은 말을 하게 된다. 이 점은 웃음의 종류와 성격이 다양함을 다시 한 번 말해 주는 방증이 된다고도 할 수 있다. 다시 말해, 우월성 이론은 유쾌한 유머 감정으로 해서 웃는 '웃음'과 남을 얕잡거나 업신여기는 마음에서 웃는 '비웃음'을 구분하지 않고 후자에 치우친 해석을 보이는 이론이라는 혐의를 지울 수 없다.

홉스의 이론은 엄밀하게 말하면 웃음의 근원(이 되는 감정)에 관한 이론이지 유머 감정에 대한 이론으로 보기는 어렵다. 물론 웃음은 자신의 우월감, 승리감에서 오는 경우도 있다. 하지만 웃음은 그 밖에도 매우 다양한 이유로 발생할 수 있다. 갓난아이의 웃음은 말할 것도 없고, 즐겁고, 재미있어서, 기발해서, 예의의 표시로서 웃는 것은 웃는 자의 우월감과는 관련 없을 것이다. 여러 가지 재치 있는 말이나 행동으로 즐겁게, 재미있게 해 주는 사람은 웃는 사람보다 재주가 뛰어날 수 있다. 더구나 상대가 장난으로 짓궂게 놀리는 것도 그의 우월감을 즐기기 위해서라기보다는 사회적 결속을 위한 친근감의 표시일 수 있다. 심지어 우스갯얘기 가운데는 웃음꾼(익살꾼)의 우월감과는 정반대의 입장을 보이는 이른바 '자기 비난의 유머(self-deprecatory humor)'도 있다. 또한 (자신의 우월감을 느끼며) 상대를 조롱, 경멸하는 일에도 반드시 웃음이 동반하는 것은 아니다.

오늘날 우월성 이론의 극단적인 형태, 곧 모든 유머의 바탕에는 우월감이 있다는 견해를 받아들이는 학자는 거의 없지만, 이 이론의 이러저러한 변이형들, 예컨대 유머에는 어느 정도 '유희적인 공격성'이 있다는 견해는 여전히 유머 연구의 한 축을 담당하고 있다(예컨대 Gruner 1997; Plester 2016). 우월/경멸의 차원을 떠나서, 유머에 '공격성'에 있다면, 이것을 단순히 부정적으로만 볼 것이 아니라, 이것이 사회적으로 어느 성격과 가치를 지니는지 계속 탐구해 볼 문제이다. 이와 관련하여 유머와 '풍자(satire)' 사이의 경계와 연관성도 따져 봐야 할 것이다. 어쨌든 우월성 이론은 크게 보자면 타인의 실수/오류/부족함에 대한 부정적 인식과 관련된다. 이것은 남들뿐만 아니라 나 자신을 포함한 모든 인간은 실수를 하는 존재이고 이것을 예기치 않게 인식하게 됨으로써 우스움이라는 유머 감정이 발생한다는 유머의 기본 원리의 한 측면을 어느 정도 반영한 것이라고 할 수 있다.

2.1.2. 이완 이론

이완(release/relief) 이론은 심리학 또는 정신분석학적 관점을 취하는 것으로서 유머를 과도한 신경 각성 또는 긴장 상태에서 해방/이완되는 것으로 본다. 생각을 하게 되면 긴장이 쌓일 수 있고, 생각을 더 하는 과정에서 긍정적인 감정이 생겨서 긴장이 해소되면, 누적된 에너지가 웃음의 형태로 방출된다는 것이다. 허버트 스펜서(Spencer 1860)에 따르면, 마음이 심각하게 여겼던 것이 별것 아님을 알아차리게 되면 더 이상 쓸모없는 과잉 에너지가 남게 되는데, 이것은 배출되어야 하고 웃음이 바로 그 배출구 역할을 한다고 주장했다. 스펜서에 앞서 이미 칸트도 비슷한 견해를 표명했는데, "웃음은 긴장하면서 기대했던 것이 갑자기 아무것도 아닌 것으로 바뀌는 데서 생기는 감정"(Kant 1790: 437)[5]이라고 했다.

이러한 주장은 지크문트 프로이트(Sigmund Freud: 1856-1939)에게 와서 좀 더 명확해 진다. 프로이트는 『우스갯소리와 무의식의 관계(Der Witz und seine Beziehung zum Unbewußten)』(Freud 1905)에서 우스갯소리(독일어로는 "Witz")에는 갈등을 절약하고 쾌감을 얻는 무의식의 기술이 들어 있음을 논하였다. 그에 따르면, 우스갯소리가 주는 쾌감은 내면의 검열에 의한 억압(특히 성적인 욕망과 공격성의 억제)을 단기적으로 이완시켜 억눌린 신경 에너지를 방출하는 데서 나온다. 우스갯소리를 포함한 다양한 형태의 유머 자극들[6]은 리비도를 억압하는 데 드는 비용(에너지), 정신적 표상(사고, 집중)의 비

5) "Das Lachen ist ein Affekt aus der plötzlichen Verwandlung einer gespannten Erwartung in nichts."

6) 프로이트(Freud 1905)는 "Witz(우스갯소리)", "das Komische/Komik"(희극적인 것), "Humor(유머)"를 구분해서 사용했다. 프로이트가 이해하는 '유머'는 "불편한 감정들이 쾌락을 저해하는데도 불구하고 쾌락을 얻어내려고 하는 수단"으로 규정한다. 즉, 유머는 그러한 부정적인 감정이 일어나는 것을 막고 그 감정을 대신하는 것이 된다. 그래서 고통을 받는 당사자는 유머적 쾌감을 얻을 수 있고, 관련 없는 사람은 희극적 쾌감으로 웃게 된다(Freud 1905: 212).

용, 부정적인 감정의 방출에 드는 비용을 절약하게 함으로써 유머 쾌감을 얻게 한다. 또한 프로이트(Freud 1927)는 감정 비용의 절약을 특징으로 하는 좁은 의미의 '유머'에 대해 별도로 논했다. 이 유머는 억압된 정신 에너지를 해방시켜 주는 것일 뿐만 아니라, 현실의 고통에 굴하지 않는 "자아(에고)의 승리"이자 "쾌락 원리의 승리"를 뜻한다.

이완 이론이 압력의 누적과 밸브에 의한 배출을 보여주는 증기기관과 같은 정신 모델에 기대는 점은 오늘날 심리학과 신경과학의 관점에서 볼 때는 낡아 보인다. 하지만 이완 이론의 큰 줄기는 우스갯얘기와 같은 유머 자극 가운데 유난히 성적이고 공격적인 내용이 많은 이유를 어느 정도 설명해 주는 것으로 보인다. 또한 이 이론은 유머가 긴장, 두려움, 좌절감 등을 해소하는 데 도움이 되고 삶의 질곡에 대처할 수 있게 해 준다는 일반적인 생각에 뒷받침이 될 것 같기도 하다. 흔히 웃음은 사람의 생리에 균형을 잡아 주는 등 긍정적인 영향을 주어 건강에도 도움이 된다는 주장도 어느 정도 근거를 갖는 것으로 보인다. 하지만 모든 유머 자극이 적대적이거나 성적인 충동에서 비롯하는 감정의 억압으로부터 카타르시스적 해방을 가져다 주는 것은 아니다. 우스갯얘기 가운데는 그것과 관계없는 것들이 많으며, 대부분의 말장난 유머도 억압된 생각, 감정의 방출과는 거리가 멀다.

2.1.3. 부조화 이론

유머 이론 가운데 가장 많은 지지를 얻어 온 것은 부조화(incongruity) 이론일 것이다. 부조화 이론의 핵심은 유머가 발생하려면 뭔가 앞뒤가 맞지 않는 부조화가 있어야 한다는 것이다. 앞의 두 이론(우월성 이론과 이완 이론)이 유머가 '왜' 발생하는지 그 근원으로 들어가 보려고 시도한 데 반해, 부조화 이론은 성급하게 유머의 근원을 설명하려 들지 않는다. 말하자면, 심층과 표층 사이의 중간 지점에 위치하면서 근원적인 설명보다는 기술(description)에 가까운 설명을 시도한다고 할 수 있다. 사람을 웃기는 유머 자극들은 매우 다양한데, 이들이 웃긴 것은 하나같이 어떤 생각이나 상황들(또는 그것들을 제시해 보여주는 방식들)이 정상적으로 기대했던 것과 달리 서로 어긋나 맞지 않기('부조화'스럽기) 때문이다.

역사적으로 볼 때, 웃음과 유미에 대한 이러한 접근은 칸트, 쇼펜하우어, 키에르케고르 등을 비롯하여 이후 많은 철학자와 심리학자들이 취했다. 부조화 이론의 물꼬는 프랜시스 허치슨(Francis Hutcheson: 1694-1746)이 텄다고 할 수 있다. 그(Hutcheson 1750)는 웃음과 비웃음을 구분하고 비웃음은 웃음의 한 종류일 뿐이라고 함으로써 홉스의 우월성 이론을 비판했으며, 웃음의 원인은 상반된 부수 관념을 지닌 이미지들(예컨대, 고귀함 vs. 비천함, 성스러움 vs. 세속적임)을 한데 합치는 데 있다고 보았다. 유머를 분석하는 데 "incongruous"('부조화스런'), "incongruity"('부조화')란 단어를 처음으로 사용한 철학자는 제임스 비티(James Beattie: 1735-1803)였다. 그에 의하면 "웃음은 부조화스런 것들이 한 집합체 안에 하나로 결합되어 있음을 보게 되는 데서 나오는 것 같다"(Beattie 1764: 152)[7]고 말했다. 이러한 부조화를 보이는 결합 방식은 인접하게 "같이 둠(juxtaposition)", "원인과 결과가 되게 하기", "유사하지 않은 것들 사이에서 예기치 않은 유사성 발견하기", "비천함과 고귀함을 하나로 결합하기" 등이다(Beattie 1764: 160-226).

부조화 이론의 초석은 (이완 이론과 관련하여 이미 언급이 있었던) 이마누엘 칸트(Immanuel Kant: 1724-1804)도 마련했다고 볼 수 있

7) "Laughter seems to arise from the view of things incongruous united in the same assemblage."

다. 그는 『판단력 비판(Kritik der Urteilskraft)』(Kant 1790)에서 부조화에 상응하는 "불합리(das Widersinnige)"라는 말을 쓰면서 이렇게 설명했다.

> 뭔가를 통해 포복절도할 힘찬 웃음을 일으키게 하고 싶다면, 그 뭔가에는 늘 *불합리한* 것이 들어 있어야 한다(그것에 대해 이성은 좋게 생각할 수 없겠지만 말이다). **웃음은 긴장하면서 *기대했던* 것이 갑자기 아무것도 아닌 것으로 바뀌는 데서 생기는 감정이다.**[8] (Kant 1790: 437; 굵은 글씨 강조는 원저자, 방점 강조는 필자)

칸트는 다음과 같은 우스갯얘기를 예로 든다.

> 수라트[9]에서 한 인도인이 어떤 영국인의 식사 자리에 초대를 받았다. 그 인도인이 에일 맥주가 든 병을 따자 맥주가 모두 거품으로 변해 솟아나오는 것을 보고 소리를 지르며 감탄을 연발했다. 영국인이 "아니, 여기에 뭐가 그리 감탄할 만 게 있나요?"라고 묻자, 인도인은 이렇게 대답했다. "거품이 밖으로 나오는 게 놀라운 일이 아니오. 당신이 어떻게 그 거품을 병 안에 집어넣을 수 있었을까를 생각하니 놀라웠던 게지요." (Kant 1790: 437)

누군가 이 이야기를 하는 것을 듣고 우리는 웃고 즐거워하게 되는데, 이야기 속의 무지한 자보다 우리가 우월해서 웃는 것도 아니요, 우리의 지성을 만족시켜주는 것이 있어서 웃는 것도 아니며, 우리가

---

8) "Es muß in allem, was ein lebhaftes erschütterndes Lachen erregen soll, etwas Widersinniges sein (woran also der Verstand an sich kein Wohlgefallen finden kann). Das Lachen ist ein Affekt aus der plötzlichen Verwandlung einer gespannten Erwartungin nichts."

9) 인도 뭄바이 북쪽의 항구도시. 영국의 인도 지배 초기에 근거지가 되었다.

웃는 것은 바로 우리의 기대가 긴장되어 있다가 아무것도 아닌 것으로 사라져버렸기 때문이라고 칸트는 본다(Kant 1790: 437). 설명을 덧붙이자면, 위의 이야기가 진행되면서 우리는 어떤 예상, 기대를 하게 되는데, 먼저 인도인이 정말 무지해서 맥주병을 따면 거품이 나온다는 사실을 모르고 있었을 거라는 예상을 할 수 있다. 그러나 이후 그 예상은 빗나가고, 뭔가 다른 진지한 이유가 있을 거라는 기대를 하면서 긴장하게 될 것이다. 마침내 그러한 기대는 아무것도 아닌, 엉뚱한 것으로 드러나면서 어긋나 사라져 버리게 된다.

칸트는 웃음을 일으키려면 기대가 아무것도 아닌 것으로 바뀌어야 하는 점을 강조했지만, '기대(Erwartung)'와 '아무것도 아닌 것(nichts)' 사이의 대립이 구체적으로 어떤 불합리, 부조화를 보여야 하는지에 대한 명확한 논의는 하지 않았다. 반면에 아르투어 쇼펜하우어(Arthur Schopenhauer: 1788-1860)는 좀 더 구체적으로 직관(체험적 인식)과 개념(추상적 지식) 사이의 '불일치/부조화(Inkongruenz)'를 언급한다. 그는 『의지와 표상으로서의 세계(Die Welt als Wille und Vorstellung)』(Schopenhauer 1819)에서 이렇게 말한다.

> 웃음은 다른 게 아니라 바로 어떤 개념에 따라 어떤 관계를 맺고 있다고 생각했던 실제 대상들이 그 개념과 일치하지 않는다는 것을 갑자기 인식하게 될 때마다 나온다. 웃음은 바로 이러한 부조화의 표현일 따름이다.[10] (Schopenhauer 1819: 1. Buch, 13)

---

10) "Das Lachen entsteht jedesmal aus nichts Anderm, als aus der plötzlich wahrgenommenen Inkongruenz zwischen einem Begriff und den realen Objekten, die durch ihn, in irgend einer Beziehung, gedacht worden waren, und es ist selbst eben nur der Ausdruck dieser Inkongruenz."

쇼펜하우어가 생각하는 유머(그의 용어로는 "우스움/웃김[das Lächerliche]")는 실제로는 서로 매우 다른 사물들을 예기치 않게 임의로 한 개념으로 묶어 포함시키거나, 어떤 개념이 먼저 있고 실제로 서로 매우 다른 사물들을 갑자기 그 개념에 속하는 것으로 보는 데서 발생한다. 전자의 유머는 '우스갯소리(Witz)'로, 후자의 유머는 '바보짓(Narrheit)'으로 나타나서 사람들을 웃긴다. 예컨대, 다음과 같은 예가 전자인 우스갯소리에 속한다.

> 프랑스 파리의 한 극장에서 관객들이 '라 마르세예즈' 연주를 요구하다 거절당하자 소란을 피웠다. 결국 제복 입은 경감이 무대로 나와서 프로그램에 없는 것을 극장에서 하는 것은 금지되어 있다고 밝혔다. 그러자 누군가 이렇게 외치는 목소리가 들렸다. "그런데 경감님, 당신은 프로그램에 있나요?" (Schopenhauer 1844: Ergänzungen zum 1. Buch, Kap. 8)

여기서는 '프로그램에 있는 것'이라는 개념에 이질적인 것(경찰의 무대 등장)이 포함됨으로써 부조화가 발생하고 웃기게 된다. 후자인 바보짓에 해당하는 것으로는 이런 예가 있다.

> 어떤 사람이 자기는 혼자서 산책하기를 좋아한다고 말했다. 그러자 한 오스트리아인이 그에게 이렇게 말했다. "혼자 산책하는 것을 좋아하신다고요? 저도 그래요. 그럼, 우리 같이 하면 좋겠네요." (Schopenhauer 1844: Ergänzungen zum 1. Buch, Kap. 8)

여기서는 '두 사람이 같이 좋아하는 일은 같이 즐길 수 있다'라는 개념이 있고, 이 개념에 바로 그렇게 '같이 할 수 있는 것'이 아닌 일이 포함되는 모순이 발생하는 것이다.

유머에서 이러한 모순을 강조한 철학자로는 키에르케고르(Søren Kierkegaard: 1813-1855)도 들 수 있다. 그는 비극적인 것과 희극적인 것은 모두 모순적인 것이라는 점에서는 같다고 하면서, 전자는 '고통스런 모순'이고, 후자는 '고통 없는 모순'임을 강조한 바 있다(Kierkegaard 2009: 431).

부조화 이론의 핵심 개념은 무엇보다도 '부조화'일 것이다. 이 개념은 불일치, 모순, 범주적 오류, 불합리, 비정상, 이상함, 의외성 등 많은 유사, 인접 개념들이 동원되어 설명되고 있지만, 여전히 객관적으로 검증할 수 있을 만큼 명확하게 규정된 것이 없는 상황이다. 또한 부조화로 인지될 수 있는 것들이라고 해서 모두 웃기는 것이 아니라는 점도 이 이론에서 고민거리이다. 부조화로 인지되는 것은 위협, 불안, 혐오감 등을 일으킬 수도 있는데, 유머의 부조화, 가벼운, 웃기는 즐거움을 불러일으키는 부조화는 어떤 조건을 갖추어야 하는지 명시적으로 규명해야 하는 과제가 남아 있다.

2.2. 그 밖의 이론들: 놀이와 놀람 그리고 '양성(良性) 위반'으로서의 유머

살펴본 고전적인 이론들 외에도 유머 이론은 다양하다(이에 관해서는 Attardo 1994, Martin 2007 참조). 위의 세 가지 고전 이론은 웃음/유머의 다양한 측면 가운데 특정한 부분을 강조한 것이라고 할 수 있으므로, 유머 이론을 진지하게 구상한다면 이 세 가지 측면을 모두 고려해야 할 것이다. 지면상 상술하지는 않겠지만, 이러한 시도는 이미 앙리 베르그송(Bergson 1900)과 아서 쾨슬러(Koestler 1964)에게서 나타난다. 최근에는 웃음과 유머의 생물학적, 진화심리학적, 신경과학적 근거에 대한 연구도 비교적 활발히 이루어지고 있는데, 이에 관한 조망은 헐리 등(Hurley et al. 2011)에서 얻을 수 있다. 이 책에서는 인문학적으로도 언급할 가치가 있고 본서의 목적에도 어느 정도 기여하는 것으로 보이는 놀이 이론과 놀람 이론, 그리고 양자의 특성을 모두 포괄하는 것으로 보이는 '양성위반 이론'을 간략하게 살펴보는 것으로 그치겠다.

2.2.1. 놀이 이론

'호모 루덴스(*Homo ludens*)', 곧 '놀이하는 인간'(Huizinga 1938)은 일반적으로 문화의 놀이적 성격을 말하는 개념으로 쓰여 왔지만, 생물학적으로도 인간을 규정하는 데 유효한 개념일 것이다. 생물학적 관점의 놀이(play) 이론에서는 웃음과 놀이 사이에 연관성이 있다는 데에 주목한다. 이 이론의 핵심은 간질이기(tickling)와 같은 놀이에 의한 웃음과 유머에 의한 웃음이 본질적으로 유사하거나 같다는 것이다. 찰스 다윈(Darwin 1890: 210) 자신도 유머 현상을 "마음을 간질이기(tickling of the mind)"로 지칭하면서, 우스운 생각이 상상력을 간지럽히는 것과 실제로 몸을 간질이는 것 사이의 유사성을 언급한 바 있다. 최근의 연구(Gervais & Wilson 2005)에 의해서도 뒷받침되듯이, 아이들의 간질이기, 거친 몸싸움 놀이(rough-and-tumble play), 까꿍 놀이(peek-a-boo)와 같은 놀이에 의해 유발되는 웃음과 어른들의 유머에 의한 웃음은 모두 뒤센 웃음으로서 서로 밀접한 연관이 있다. 물론 놀이 자체를 유머와 동일시할 수는 없지만, 유머가 놀이로부터 진화되었다는, 곧 놀이는 '유머의 원형(protohumor)'이라는 가설이 제기되는 것이다. 뒤센 웃음을 유발하는 놀이와 유머가 보이는 공통점은, 저베이스와 윌슨(Gervais & Wilson 2005)에 따르면, "심각하지 않은 사회적 부조화(nonserious social incongruity)"이다. 즉, 어떤 일에서 예기치 않게 갑자기 변화가 일어나는데, 이 변화는 심각하지 않은, 안전한 것으로 지각되어야 하고 사람들과 함께 어울리는 중에 일어나는 것이어야 한다.

이처럼 유머는 놀이 성격을 띤, 심각하지 않은 활동인 것만은 분명하다. 이미 이스트먼(Eastman 1936: 15)은 "유머는 놀이다(Humor is play)"라고 선언한 바 있다. 그러나 유머가 놀이의 성격을 띤다는 의미가 무엇인지는 좀 더 구체적으로 규정될 필요가 있다. 심리학적 관점에서 본 대표적인 유머의 놀이 이론으로는 마이클 앱터(Apter 1982, 2006, 2007; Apter & Smith 1977; Apter & Desselles 2012)의 이른바 '역전(逆轉) 이론(reversal theory)'을 들 수 있다. 역전 이론에 의하면, 우리는 매순간 동기부여에 따라 두 가지 마음 상태를 왔다 갔다 한다. '목적 지향적(telic)' 상태(심각한 마음 상태)에 있다가 '목적 이탈적(paratelic)' 상태(유희적 마음 상태)로 역전하기도 하고, 그 반대의 경우로도 역전하는 것이다. 목적 지향적 상태는 자신의 몸이나 사회의 요구에 따라 부과된 중요한 목적(예컨대, 배고픔 해소, 시험 합격)을 달성하려고 애쓰는 미래 지향적인 상태다. 반면에 목적 이탈적 상태는 행동 자체가 즐거워서 행동하며, 목적이 있어도 그것은 중요하지 않고 그것에 이르는 과정 자체(예컨대, 등산)를 즐기는 현재 지향적인 마음 상태다. 이 두 상태는 각성(arousal) 수준에 따라서도 서로 다른 차이를 보인다. 즉, 목적 지향적 상태에서 각성 수준이 높아지면 불안, 분노의 부정적인 감정이 생기고, 각성 수준이 낮아지면 이완(relaxation)의 긍정적인 감정 상태가 된다. 반면에 목적 이탈적 상태에서 각성 수준이 높아지면 신남/재미(excitement)의 쾌감 상태가 되고, 각성 수준이 낮으면 지루함(boredom)이라는 불쾌감이 생긴다. 수많은 스포츠, 게임, 레포츠, 놀이기구, 영화 등은 목적 이탈적 상태에서 각성 수준을 높이는 수단이 되며, 유머도 그러한 수단 가운데 하나가 된다. 요컨대, 유머 자극은 목적 이탈적인 유희적 마음 상태에서 위험한 현실과 단절시키는 '보호 프레임'(Apter 2007) 속으로 들어가 각성을 높임으로써 신나는/재미있는 쾌감을 유발하는 것이다. 유머는 목적 이탈적인 마음 상태에서 작용해야만 쾌감을 유발하며, 목적 지향적인 상태에서는 불쾌감을 일으킨다. 그래서 섹스, 잔인함, 죽음 등은 목적 지향적 상태에서는 불쾌한 높은 각성을 유발하는 것들이지만, 유머의 목적 이탈적 상태로 들어오게 되면 (스릴러나 공포 영화처럼) 일시적으로 유쾌한 유머 감정을 증대시키는 효과를 갖게 되는 것이다.

앱터는 유머에서 각성에 의한 쾌감을 높이는 메커니즘을 '시너지(synergy)'란 개념을 통해 설명한다. 시너지란 인지적으로 상반된 둘을 함께 배치함으로써 그 둘 각자의 현상적 특질을 더욱 강화시키는 것을 말한다. 말하자면, 시지각에서 빨강색과 녹색이 함께 있으면 각자가 상대 색깔을 더욱 선명하게 해 주는 대비 효과가 있는 것과 유사하다. 하지만 유머에서의 시너지는 '인지적 시너지(cognitive synergy)'로 나타나는데, '동일체 시너지(identity synergy)'라고 부르는 것이다. 동일체 시너지는 동일체(사람, 물건, 일)가 갖는 두 측면이 보이는 양립불가능성인데, 이로써 상반성과 동일성이 동시에 지각되는 것이다. 예컨대, 남자가 여자 옷을 입고 여자처럼 행동하면 우스개가 되는데, 남성성과 여성성이 동일체를 통해 동시에 표현되기 때문이다. 또한 이 동일체는 어떤 특질이 부여되어 어느 정도 '저하(diminishment)'되어야만 우습게 된다.

2.2.2. 놀람 이론

놀람(surprise) 이론은 특별한 이론이라기보다는 그동안 유머에 관한 수많은 논의에서 유머를 위한 (충분조건은 아니지만) 필요조건으로 자주 강조되어온 놀람/돌발성/의외성의 측면을 부각시킨 것이라고 할 수 있다(Keith-Spiegel 1972; Hurley et al. 2011). 이 측면은 우월성 이론, 이완 이론, 부조화 이론 등을 옹호하는 학자들이 은연중에 강조했던 것인데, '우월성', '이완', '부조화' 같은 중심 개념에 집중하다 보면 도외시하기 쉬운 부분이라고 할 수 있다. 우월성 이론의 홉스가 "갑작스런 영광"을 언급한다든지, 이완 이론에서 긴장하며 기대한 것이 "갑자기" 아무것도 아닌 것으로 바뀐다든지, 부조화 이론에서 정상적인 사고에서 "갑자기" 벗어나는 것을 언급한 데서 이미 놀람의 측면이 함께 지적된 것이다.

놀람은 흔히 예상하지 못했던 어떤 것이 발생할 때 전형적으로 유발되는 감정으로 간주된다. 그렇게 해서 발생한 일은 새롭고 놀라운 것이 된다. 이러 관점에서 유머 자극을 보자면, 어떤 동일한 유머 자극이 반복적으로 가해지면 그것에 대한 놀라움과 새로움도 줄어들게 되는 것을 설명할 수 있게 된다. 그래서 유머는 끊임없이 소비되기 위해서 끊임없이 새롭게 창작되어야 하는 숙명을 지고 있는 것이다.

그런데 놀람을 중요한 요소로 간주하는 유머 이론에서는 놀람을 유발하는 것의 구체적인 성격이 어떠한지 좀 더 명확하게 밝혀야 할 것이다. 놀람의 원인은 예상하지 못한 일의 발생으로 단순화하기 쉬운데, 여기에는 함정이 있다. 우리는 삶에서 앞으로 무슨 일이 일어날지, 한 순간 다음 순간에 구체적으로 어떤 일이 벌어질지는 아무도 미리 알 수 없다. 그렇기 때문에 사실 우리는 아무것도 예상할 수 없다고 해야 할 것이다. 그러나 우리가 이해하는 '예상하지 못함'은 앞으로 일어날 구체적인 일을 알지 못해도 있음직한 일에 대한 정상적인 기대 패턴은 존재하고 이것에서 벗어나는 것을 말한다고 해야 할 것이다. 이것은 한국어에서 "뜻밖", "의외"의 일반적인 사용 의미와 통한다고 할 수 있다.

2.2.3. 양성위반 이론

대부분의 학자들은 유머는 매우 복잡한 현상이어서 단 하나의 이론만으로는 설명할 수 없다는 데 동의하는 것 같다. 하지만 유머 현상을 통합적으로 설명하는 단순한 원리를 찾으려고 하는 시도도 있기 마련이다. 최근에 심리학자 피터 맥그로와 케일럽 워런 등(McGraw & Warren 2010; McGraw et al. 2012; McGraw et al. 2014; McGraw & Warner 2014)이 내세운 이른바 '양성(良性) 위반(benign violation)' 이론이 그 가운데 하나이다. 위반이 악성(惡性) 종양과 같이 위험한 것이 아니라, 양성(良性) 종양처럼 크게 해가 되지 않는 위반이라는 의미에서 '양성위반'이라고 하는 것이다. 이 이론은 영향력이 거의 없었던 토마스 비치(Veatch 1998)의 '정상+위반 이론(N[ormal]+V[iolation] Theory)'을 발전시킨 것이다.

양성위반 이론의 핵심은 "뭔가가 잘못된 것 같거나 불안하게 하거나 위협적으로 느껴지지만(곧 '위반'), 이와 동시에 괜찮거나 받아들일 만하거나 안전하게 여겨질(곧 '양성') 때에야 유머가 발생한다"(McGraw & Warner 2014: 10)는 것이다. 무슨 일이 단순히 위반이기만 한 상황(예컨대, 누군가가 계단에서 굴러떨어지는 일)에서는 걱정스럽고 불편한 감정을 갖게 된다. 하지만 이 위반이 양성의 것으로 드러나는 경우에는(예컨대, 누군가가 계단에서 굴러떨어졌는데 다치지 않으면), 보통 정반대의 태도를 보이며 재미있어 하거나, 웃거나, '정말 웃겼어' 하는 판단을 내리게 된다는 것이다. 또 예컨대, 실험실에서 살아있는 쥐에서 피를 뽑게 될 것이라는 말을 들었는데 장난감 쥐라는 것을 알게 되면 우스울 것이다.

세상일이 당연히 그러해야만 하는 원칙에서 벗어나는 것으로 볼 수 있는 위반은 사회 규범, 정체성, 논리, 언어 규칙 등과 관계하여 다양한 상황으로 발생할 수 있다. 우스갯소리 가운데는 신성함에 세속적인 것이 침투한다든지, 외설적인, 음란한 주제를 다룬다든지 하는 위반을 자주 볼 수 있고, 말장난 유머는 언어적 위반이며, 빈정거림은 대화 원칙의 위반이 된다. 또한 간지럼 태우기도 일종의 유머로 볼 수 있는데, 이것은 타인의 물리적 공간을 침해하지 않는 한 크게 해가 없는 위반으로 볼 수 있다. 그래서 내가 나 자신을 간지럽힐 수가 없는데, 이것은 위반이 아니기 때문이다. 또한 낯선 사람이 어린아이를 간질이면 웃음 대신에 울음을 유발할 것이다(악성위반). 이처럼 동일한 위반 사항일지라도 당사자나 수용자가 처한 입장, 상황 맥락, 문화 등에 따라 위반이 아닐 수도 있고, 악성위반일 수도 있다.

그리고 말장난이 유머러스한 것도 양성위반이 있기 때문이다. 예컨대, 영어로 어떤 빵집 주인이 자기 가게에 "nice buns"(좋은 롤빵/엉덩이)가 있다고 말하면 웃기게 된다. 이 말 대신에 "nice bread"(좋은 빵)나 "nicht butt"(좋은 엉덩이)를 사용하게 되면 웃기지 못한다. 전자는 문법에 맞는 정상적인 말이어서 위반이 없고, 후자는 터부가 되는 말을 한 것이어서 악성위반이 된다. 반면에 "nice buns"는 중의성이 있어서 위반이면서도 위반이 아닌, 곧 양성위반이 됨으로써 유머러스하게 느껴지는 것이다.

양성위반 이론은 우월성 이론, 이완 이론, 부조화 이론, 놀이 이론 등 다양한 관점들을 간단한 원리로 포괄하는 이점은 있으나, 무엇이 위반이 되고, 무엇이 양성의 것인지, 위반과 부조화의 차이는 무엇인지 좀 더 엄밀하게 규정하고 검증할 수 있는 방법을 제시해야 할 과제를 안고 있다.

2.3. 부조화 이론의 확장: 부조화-해소 이론

오늘날 심리학, 언어학 등에서 유머 이론으로서 가장 많이 옹호되고 있는 것은 부조화-해소 이론(incongruity-resolution theory)일 것이다. 이 이론은 전통적인 부조화 이론이 확장되고 보완된 것이다. 부조화-해소 이론의 핵심은, 그 명칭이 말해 주듯, 유머가 발생하려면 먼저 부조화가 있어야 하고 이어서 해소되어야 한다는 것이다. 이 책에서 논의하는 유머언어학도 부조화-해소 이론을 기본적인 토대로 삼는다.

부조화 이론에서 말하는 '부조화'는 "조화롭지 않거나, 놀랍거나, 유별나거나, 특이한 것이거나, 우리가 정상적으로 기대한 것과 다른 것"(Martin 2007: 63)이며, "우리가 지각하거나 생각하는 어떤 사물이나 사건이 우리의 정상적인 사고 패턴이나 기대에서 벗어나는 것"(Morreall 2009: 11)이다. 전통적인 부조화 이론에서는 유머 자극에서 이러한 부조화를 '인지'하는 것만으로도 유머 감정이 발생한다는 주장을 했다. 물론 이러한 주장은 언어 유머(verbal humor)가 아닌 비언어 유머(non-verbal humor)에서는 여전히 유효한 경우가 많다. 예컨대, 네르하르트(Nerhardt 1970)가 무게 식별 테스트로 위장한 실험을 들 수 있다. 모양이 거의 같은 여러 개의 무게 추가 마련되어 있고, 기준이 되는 추를 먼저 들어 보고 나머지 추들을 그것과 순서대로 비교해 보게 하는 실험이다. 이 나머지 추들은 마지막 추를 제외하고는 모두 기준 추보다 무게가 약간씩만 더 나가거나 덜 나가는 것들이다. 그런데 마지막 추는 기준 추보다 현저하게 무겁거나 가벼운 것이다. 피험자들은 마지막 추를 들어 보고 웃게 되었다. 즉, 기대의 어긋남(부조화)만으로도 웃음을 유발한다는 것이다. 또한 슬랩스틱 코미디(slapstick comedy)('몸개그')에서는 정상적인 규범이나 기대에서 벗어나는 부조화 행동/상황(예컨대 점잖은 신사가 바나나 껍질에 미끄러져 넘어지기)을 보여주는 것만으로도 웃음을 유발한다. 그러나 대부분의 유머 자극, 특히 언어 유머는 부조화의 '인지' 외에도 부조화의 '해소'가 있어야 우습다고 보는 견해가 대두되었다. 심리학자 제리 설스(Suls 1972, 1983)의 이른바 '부조화-해소 모델(incogruity-resolution model)'이다.

설스의 부조화-해소 모델은 모든 형태의 유머 자극을 대상으로 하지는 않았지만 언어 유머(특히 우스갯얘기)와 일부 언어-비언어 복합 유머(캡션 있는 카툰)에 적용되는 것으로 고안된 것이다. 이 모델은 유머의 정서적, 사회적 측면보다는 인지적 측면에 초점을 맞추어 유머가 이해되고 평가될 수 있게 하는 정신적 과정에 관한 것이다. 이 인지적 부조화-해소 모델은 2단계 모델로서, 그 핵심을 말하자면, 유머가 이루어지기 위해서는 수용자가 먼저 부조화를 인지하고(단계 1), 이어서 이 부조화스런 요소들이 앞의 내용과 합치될 수 있도록 하는 인지 규칙을 문제해결 절차를 통해 찾아야 한다(단계 2)는 것이다. 즉, 유머가 발생하기 위해서는 부조화뿐만 아니라 이 부조화의 해소도 있어야 한다는 것이다. 부조화만 있고 부조화 해소가 없으면 수용자는 우스갯얘기나 카툰을 접해도 그것을 이해하지 못하고 아리송해하거나 어리둥절해한다(그림 3 참조).

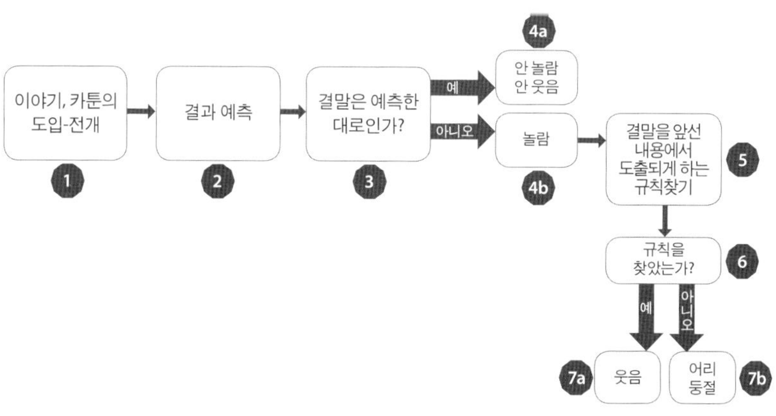

그림 3. 설스(Suls 1972, 1983)에 따른 부조화-해소 모델

그림 3에 제시된 설스의 모델[11]에서 보면, 우스갯얘기를 듣는 경우라 할 때, 먼저 수용자가 이야기의 첫 부분을 들게 되면서(1) 그 다음에 진행될 어떤 결과를 기대하게 된다(2). 이렇게 해서 결말을 예측하게 되는데(3), 결말이 예측한 대로 일어나면, 이야기는 놀랍지 않고 또한 웃음도 유발하지 않는다(4a). 그런데 결말이 예측과 다르면(곧 부조화가 인지되면) 수용자는 놀라게 된다(4b). 이때 수용자는 놀라게 만든 엉뚱한 요소를 전체 맥락에서 의미가 있는 것으로 이해하게 하는 어떤 인지 규칙을 찾으려고 한다(5). 그러한 규칙이 발견되면(부조화가 해소되면) 웃음을 유발하는 유머를 경험하게 되며(6-7a), 그런 규칙을 찾지 못하면 어리둥절하게 된다(6-7b).

이것을 설스(Suls 1972: 83)가 직접 제시한 다음과 같은 우스갯얘기에 적용하여 다시 설명해 보자.

> 뚱뚱한 에델이 점심을 파는 간이식당에 가서 과일 케이크 한 판을 주문했다.
> 종업원이 물었다. "네 조각으로 자를까요, 여덟 조각으로 자를까요?"
> 에델이 대답했다. "네 조각요. 저는 지금 다이어트 중이거든요."

이 이야기는 도입되면서부터 마지막 직전 문장까지 모두 식당에서 있음직한 사건들로 구성됨으로써 예상 가능한 시나리오대로 진행된다. 그런데 이 이야기의 부조화는 흔히 '펀치라인(punch line)'으로 일컬어지는 부분인 마지막 문장("저는 지금 다이어트 중이거든요.")이 야기한다. 이 펀치라인의 내용이 이야기 앞부분의 내용과 갑자기 조화를 이루지 못하게 되는 것이다. 이 부조화는 이 이야기의 여주인공 에델이 동일 물건을 서로 다른 개수로 잘라도 그 전체 양은 불변이라

11) 그림 3은 설스(Suls 1985: 42)가 제시한 것을 한국어로 옮기고 설명의 편의를 위해 번호를 붙인 것이다.

는 논리 규칙/자연법칙(질량 보존의 법칙)을 어기는 데서 나온다. 그러나 이 이야기는 주인공이 그 논리 규칙을 무시하고 다른 인지 규칙(개수가 증가하면 양도 증가한다는 규칙)을 찾아내 적용함으로써 이야기의 앞뒤가 맞춰지게 되는 것(부조화 해소)이다.

그런데 언급한 우스갯얘기에서 만일 "네 조각요." 대신에 "여덟 조각이요."라든지 "자르지 마세요."라고 말했다고 하자. 그러면 이야기 마지막 문장("저는 지금 다이어트 중이거든요.")에 이르러서는, 놀람을 겪으면서 부조화를 인지하게 되지만, 적절한 인지 규칙이 발견되지 않기 때문에, 이 이야기는 유머가 되지 못하고 아리송한, 이상한 소리가 되고 만다. 그래서 우스갯얘기가 되려면 부조화 결말만으로는 부족하고 부조화 해소가 있어야 하는 것이다. 반면에, 위의 우스갯얘기에서 펀치라인("저는 지금 다이어트 중이거든요.")을 예컨대 "여덟 조각은 배불러 못 먹을 거 같아요."로 바꾼다면, 거의 동일한 유머 효과를 얻을 수 있을 것이다.

설스의 부조화-해소 모델은 그 기본 구상 자체는 명확하지만, 좀 더 세부적으로 규명되어야 할 부분들이 여전히 남아 있다. 먼저 '부조화'의 개념이 좀 더 명료하게 세부 규정되어야 할 것이다. 부조화를 대략적으로 '어떤 요소들이 서로 맞지 않음'을 뜻한다고 보면, 논리적 불가능이나 역설부터 시작해서 부조리함, 뜬금없음, 의외성, 생소함, 부적절함 등 다양한 방식으로 해석될 수 있을 것이다. 또한 부조화 해소를 위해 찾아야 하는 인지 규칙에 대해서도 구체적인 특성 규명이 있어야 할 것이다. 이를테면 '수수께끼'도 우스갯얘기처럼 문제 해결 절차를 요구하지만, 모든 수수께끼(알아맞히기, 퍼즐)가 유머러스한 것은 아니다. 상당수의 수수께끼는 논리적인 추론에 의한 결론 도출이 가능하기 때문일 것이다. 예컨대 다음과 같은 유명한 스핑크스의 수수께끼는 (재미있을지는 모르지만) 웃기다고 보기는 어렵다.

[스핑크스의 수수께끼]

"아침에 네 발, 오후에는 두 발, 저녁에는 세 발로 걷는 것은 무엇인가?" -

"인간."

(어릴 때는 네 발로 걷고, 한창때는 두 다리로, 늙어서는 두 발에 지팡이를 짚고 걷기 때문에.)

이 수수께끼는 던져지는 문제 자체에서부터 이상한, 비정상적인 상황[12)]이 그려진다. "말하는 사람은 숨기고 듣는 사람은 찾아내는 겨루기"(곽은희 2015: 3)인 이 수수께끼를 감상자의 입장에서 즐기는 경우라고 생각하면, 해답을 접하고 '아하' 하고 깨닫는 즐거움을 느낄 수도 있고, 바로 이해를 못해 위의 수수께끼에서 괄호 속에 표시된 추가적인 설명을 접하고서 문제 해결을 할 수도 있다. 후자의 경우에 수용자가 겪게 되는 아리송함은 '부조화'의 차원에 속한다고 해야 할 것이다. 그런데 발견된 인지 규칙은 엉뚱하지 않고 (수사학적이지만) 논리적이다('인생은 하루와 같다', '손이나 지팡이는 발과 같은 역할을 해줄 수 있다' 등).

이와 같이 부조화 인지와 부조화 해소의 구체적인 성격과 종류에 대해서는 좀 더 세부적인 논의가 필요할 것이다. 이에 대해서는 이 책이 진행되면서 필요한 장소에서 이루어질 것이다.

---

12) 이것도 '부조화'라고 지칭할 수도 있고 그렇지 않을 수도 있을 것이다. 이에 관한 자세한 논의는 뒤에서 이루어진다.

III 유머언어학

3

유머언어학

유머 현상의 중심에는 언어가 있고, 언어와 유머는 중요하고도 흥미로운 상관관계를 맺고 있기 때문에, 유머에 대한 언어학적 접근(편의상 "유머언어학"이라 하자)은 전체적인 유머연구에서 중심적인 기여가 될 것이다. 유머 언어학은 일단 '언어 유머(verbal humor)'에 대한 언어학적 연구로 이해될 것이다. 하지만 유머언어학의 대상은 언어 유머뿐만 아니라, 유머가 언어-비언어 복합기호 현상으로서 나타나는 경우에까지 확장될 수 있을 것으로 본다. 그런데 본격적으로 유머언어학이 시작된 것은 30여년 정도밖에 되지 않았다. 그래서 흔히 'joke'(우스갯소리)로 지칭되는, 특히 'narrative joke'(우스갯얘기)를 중심으로 하는 언어 유머가 주된 연구대상이 되어 왔고, 연구대상의 확장은 최근에 와서야 제대로 이루어지고 있으며, 이론적 틀과 접근방법도 다변화되고 있다. 유머언어학은 대체로 기존의 부조화(-해소) 이론의 연장선상에 있다고도 할 수 있겠지만, 최근 20여 년 동안에는 유머학에서 독보적인 위치를 차지할 만한 중요한 기여도 하게 되었다.

3.1. 주류: 스크립트 기반 유머 의미론과 언어유머 일반이론

지난 세기의 80년대에 러시아 출신의 미국 언어학자 빅터 라스킨(Victor Raskin)이 『유머의 의미론적 기제(Semantic Mechanisms of Humor)』(Raskin 1985)라는 책을 내면서 '스크립트 기반 유머 의미론(Semantic Script Theory of Humor: SSTH)'을 표방했다. 이 이론은 이후 살바토레 아타르도(Savatore Attardo)의 협력으로 '언어유머 일반이론(General Theory of Verbal Humor: GTVH)'(Attardo & Raskin 1991; Attardo 1994, 2001)으로 업그레이드되었다. 라스킨과 아타르도의 이 이론은 (라스킨 자신은 동의하지 않지만)[1]부조화-해소 모델의 전통에 서 있다고 볼 수 있으며 오늘날에도 유머언어학에 지대한 영향력을 행사하고 있다.

3.1.1. 스크립트 기반 유머 의미론(SSTH)

라스킨(Raskin 1985)의 스크립트 기반 유머 의미론(SSTH)은 당시 언어학의 주류였던 생성문법이 언어능력 이론을 내세운 것처럼 유머 능력에 관한 이론으로서 표방된 것이다. 어떤 텍스트가 유머러스한 것으로 판단되기 위해 충족시켜야 할 필요충분조건을 명시하는 형식이론을 추구한 것이다. 이 이론에서는 인지과학 등 인접 학문에서 잘 알려진 '스크립트(script)' 개념(Minsky 1975; Schank & Abelson 1977 등)이 중요한 역할을 한다. 스크립트는 "어떤 단어를 에워싸고 있거나 그 단어에 의해 일깨워진 커다란 의미정보 덩어리"로서 그 언어의 모국어 화자가 세계의 특정 영역에 대해 머릿속에 내면화시킨 인지구조 내지 지식이다(Raskin 1985: 81).[2]

---

1) 이에 관해서는 디넬(Dynel 2009a: 87) 참조.
2) 스크립트는 오늘날 인지언어학에서 통용되고 있는 개념들과 거의 같은

SSTH는 언어유머에 관한 것이지만, 실제로 주로 다루는 대상은 비교적 짧은 우스갯소리 텍스트들이다. SSTH의 토대가 되는 기본 가설은 어떤 텍스트가 우스갯소리가 되려면 다음 같은 두 가지 조건을 필요충분조건으로서 충족시켜야 한다는 것이다(Raskin 1985: 99).

(i) 이 텍스트는 서로 다른 두 스크립트와 완전히 또는 부분적으로 양립할 수 있어야 한다.
(ii) 이 텍스트와 양립할 수 있는 두 스크립트는 일정하게 규정된 의미에서 대립적이어야 한다.

이 가설을 구체적인 예를 통해 살펴보자. 다음 예는 라스킨(Raskin 1985: 32)에서 제시된 이후로 유명해진 우스갯소리이다.

"Is the doctor at home?" the patient asked in his bronchial whisper. "No," the doctor's young and pretty wife whispered in reply. "Come right in."
("의사 선생님, 댁에 계세요?" 하고 환자가 기관지에 탈 난 듯한 쉰 목소리로 물었다. "아뇨," 하고 의사의 젊고 예쁜 부인이 속삭이는 듯한 목소리로 대답했다. "어서 들어와요.")

이 텍스트를 접하는 수용자는 펀치라인이 되는 마지막 문장("Come

의미로 이해될 수 있겠다. 즉, '틀(frame)', '이상적 인지모델(Idealized Cognitive Model: ICM)', '개념영역(conceptual domain)' 등이 그러한 개념들이다. 원래 인공지능학에서 사용되기 시작한 "스크립트"는, 정적인 성격이 부각되는 "틀"과는 달리, 우리의 경험에 기반을 두는 배경지식의 동적인 측면을 강조한다. 그래서 이 용어는 기대되는 사건 연쇄(예컨대 [식당] 스크립트는 입장, 주문, 식사, 퇴장 등의 장면들로 구성됨)를 지칭하는 데 적합한 것으로 보인다.

right in.")을 만나기 전까지는 우선적으로 [환자의 의사 방문] 스크립트를 구축하게 된다. 이 스크립트는 "doctor"(의사), "patient"(환자), "bronchial whisper"(기관지에 탈 난 듯한 쉰 목소리)와 같은 표현들이 함께 작용하여 활성화시킨다. 이 스크립트에서는 의사가 부재중이면 환자가 되돌아가는 것(또는 의사가 곧 돌아온다는 정보가 있을 때 집안에 들어가서 기다리는 것)이 상식적으로 기대된다. 그러나 펀치라인에 이르러 부조화가 발생하는데, 의사가 없는데도(의사가 곧 돌아온다는 정보도 주지 않고) 환자를 집안으로 들어오게 하기 때문이다. 수용자는 이 부조화를 해소하기 위해 스크립트 전환을 하게 되는데, [환자의 의사 방문] 스크립트를 파기하고 [밀회/외도] 스크립트를 새로 구축하는 것이다. 이 새 스크립트는 텍스트에서 처음부터 즉각적으로 구축되는 것이 아니라, 잠재적으로 가능한 것으로 있던 것이 부조화 해소를 위해서 가시적으로 활성화되는 것이다. 이 과정에는 "young and pretty"(젊고 예쁜), "whispered"(속삭이는)와 같은 어휘적 단서, "bronchial whisper"의 재해석(기관지염 때문에 생긴 속삭이는 목소리가 아니라 애정 행위로서의 속삭임), 그리고 펀치라인의 내용이 작용한다. 라스킨(1985: 99이하)에 따르면, 이 두 스크립트는 서로 겹치기 때문에서 텍스트에서 양립 가능하며, 두 스크립트의 성격이 대립적/대조적(이를테면 일상성 vs. 외설성)이어서 웃기게 된다.

이처럼 우스갯소리에서 첫 스크립트에 기반을 둔 해석이 펀치라인에 의해 부조화를 겪게 되면, 이것을 해소하기 위해 화용론적으로 새로운 스크리트 전환이 필요하게 된다. 이 이야기의 수용자는 이 이야기에는 그라이스의 협동 원리(Grice 1989)에 토대한 '성실(bona-fide)' 소통모드가 통하지 않고, 그라이스의 대화 준칙을 어기는 '불성실(non-bona-fide)' 소통모드가 적용됨을 자각한다. 수용자가 이 불성실 소통모드를 취하게 되면, 전체 텍스트와 양립하는 새로운 스크립트를 찾게 되는 것이다.

SSTH는 언어학에서 처음으로 유머와 관련하여 분명하게 설정된, 경험적으로 검증 가능한 가설을 포함하는 형식이론을 추구한 것이라는 데 의미는 있지만, 한계점도 많아서 비판의 대상이 되었다. 엄밀한 이론을 추구하다보니 유머 자극을 짧은 우스갯소리에 한정시킴으로써 언어 유머의 다양한 형태들을 통해 얻을 수 있는 인식을 놓친 부분이 있다. 물론 라스킨은 자신의 이론이 다른 형태의 언어유머에도 적용될 수 있을 거라는 희망을 보이긴 했지만 그 구체적인 실현 가능성은 확인되지 않았다. 추상적인 스크립트로부터 어떤 식으로 구체적인 해석에 도달하는지에 대한 문제도 제기되었다. SSTH는 비판과 수정을 거쳐 언어유머 일반이론(General Theory of Verbal Humor: GTVH)(Attardo & Raskin 1991; Raskin & Attardo 1994; Attardo 1994, 2001; Attardo et al. 2002 등)으로 발전하게 된다.

3.1.2. 언어유머 일반이론(GTVH)

아타르도와 라스킨(Attardo & Raskin 1991)은 라스킨의 SSTH(Raskin 1985)와 아타르도의 우스갯소리 다섯 층위 표상 모델(five-level joke representation model)을 확장하고 수정해서 언어유머 일반이론(GTVH)을 제안하였다. 이들은 언어 유머에 관한 일반이론을 표방했지만, 실제로는 우스갯얘기를 포함하는 유행하는 우스갯소리(canned joke)를 언어 유머의 가장 대표적인 하위 부류로 보면서 여기에 초점을 맞추었다. GTVH는 우스갯소리의 다양한 차이를 잘 설명할 수 있도록 하기 위해, SSTH에서 이미 설정되었던 스크립트 대립 외에도 다섯 가지를 더 추가하여 전체 여섯 가지 '지식자원(knowledge resource)'을 설정하였다. 이 지식자원들은 위계구조를 이루고 있는데, 최상위의 것부터 나열하면 다음과 같다.

(i) 스크립트 대립

(ii) 논리 메커니즘

(iii) 상황

(iv) 표적

(v) 서사 전략

(vi) 언어

첫째, '스크립트 대립' 지식자원은 SSTH에서 이미 설정되었던 것으로서, 부조화의 원천이 되는 스크립트들의 대립을 말한다.

둘째, '논리 메커니즘' 지식자원은 부조화 해소에 필요한 인지 메커니즘을 말한다. 이것은 부조화-해소 모델의 해소 단계에 해당하는 것이다. 여기서 "논리"라는 말이 언급되고는 있지만, 부조화가 보이는 비합리성, 비현실성을 장난스럽지만 그럴싸한 논리로 정당화한다는 의미, 곧 "국지적 논리(local logic)"(Ziv 1984)의 의미로 쓰이는 것이다. 이러한 논리 메커니즘은 매우 다양한데, 예컨대 단순히 나란히 두기(juxtaposition), 억지스런 유추, 추론 오류, 샛길로 새기(garden-path) 현상, 전경-배경 역전(figure-ground reversal), 교차 대구법(chiasmus) 등을 들 수 있다(그 밖의 논리 메커니즘의 확장된 목록은 Attardo et al. 2002 참조).

셋째, '상황' 지식자원은 우스갯소리의 이야기 세계가 구축, 전개될 수 있도록 도와주는 것들(등장인물, 배경 등)을 말한다.

넷째, '표적' 자식자원은 유머의 표적으로서 웃음/놀림/비판의 대상이 되는 개인, 인간 유형, 집단, 체제, 관습 등을 말한다. 모든 우스갯소리가 공격적인 것은 아니므로 표적이 없는 경우도 있다.

다섯째, '서사 전략' 지식자원은 우스갯소리의 거시구조로서, 우스갯소리가 어떤 텍스트 유형(장르)에 속하는지를 결정하는 것이다. 우스갯소리는 이야기 형태를 취할 수도 있고, 문답, 수수께끼, 1-2-3형태 등을 취할 수 있다.

여섯째, '언어' 지식자원은 우스갯소리 텍스트가 실제로 취하는 어휘적, 통사적, 음운론적 선택을 비롯하여 펀치라인과 같은 텍스트 요소의 배치 등과 관계하는 층위이다. 실제 우스갯소리 가운데는 실제 어휘선택, 표현만 다를 뿐 내용이 거의 같은 것들이 많은데, 내용이 중요한 유머에서는 '언어' 지식자원의 역할은 부차적이고, 말장난(wordplay)에 의한 유머인 경우에는 중요한 변수가 된다.

이 여섯 지식자원들은 GTVH에서 핵심적인 분석 도구로 간주되고 있다. 예컨대 다수의 우스갯소리들이 있을 때 어떤 것들이 서로 비슷하고 어느 정도로 차이가 있는지를, 우스갯소리와 우스갯소리가 아닌 것을 어떻게 구분하는지를 각 지식자원과 지식자원 위계구조를 적용하여 판별하게 된다. 또한 지식자원 위계구조는 우스갯소리 생성을 설명하는 추상적인 모델이 되어주기도 한다.

아타르도와 라스킨(Attardo & Raskin 1991)이 처음으로 제안한 GTVH에는 '서사 전략'과 '상황'이라는 지식자원이 도입되었는데, 이를 통해 이제 펀치라인을 갖춘 전형적인 우스갯소리와는 다른 유형의 유머 텍스트들도 분석의 대상이 되는 길이 열렸다. 도입전개 단계 다음에 펀치라인이 오는 전형적인 우스갯소리 구조만으로는 그 밖의 유머러스한 텍스트 유형들을 포착할 수 없다. 그래서 아타르도(Attardo 1998, 2001, 2002)는 우스갯소리보다 더 큰 유머러스한 내러티브 텍스트와 대화 유머도 다룰 수 있는 분석 방법론을 제시한다. 비교적 긴 내러티브 텍스트(소설, 단편, TV 시트콤, 영화, 연극 등)에서 유머러스한 요소의 분석도 가능하다는 것을 강조함으로써 명실상부한 언어유머 일반이론을 꾀하게 된 것이다.

비교적 긴 내러티브 텍스트에는 텍스트가 진행되면서 한 번 또는 그 이상의 유머 사례가 발생하게 되는데, 이것들을 분석하는 데는 지식자원들뿐 아니라, 특별한 표기법과 새로운 개념들도 도입된다. 대표적인 개념이 '잽라인(jab line)'과 '가닥(strand)'이다. 펀치라인이 전형적인 우스갯소리에서 볼 수 있듯이 텍스트의 끝에 나타나는 것인 반면에, 잽라인은 내러티브 텍스트에서 유머를 유발시키는 그 밖의 다른 장소들에 나타나는 것이다. 펀치라인과 잽라인은 의미론적으로는 큰 차이가 없고 다만 텍스트 구조상의 차이를 보이는 개념이 된다.[3) 말하자면 펀치라인은 권투에서 펀치 한 방으로 판을 끝내는 것과 같고, 잽라인은 잽을 하면서 판을 유지시켜 기회를 엿보는 것과 같다고 볼 수 있다. 가닥은 텍스트의 비교적 긴 구간에 걸쳐 다수의 잽 라인이 출현하여 구조적으로 혹은 의미론적으로 서로 관련을 맺은 것을 가리킨다. 예컨대 내러티브에서 특정 인물을 겨냥하는 잽 라인들은 서로 관련성이 있어서 하나의 가닥을 이룰 가능성이 있다. (잽/펀치) 라인과 라인 사이, 가닥과 가닥의 사이에도 연관성이 형성될 수 있고, 이 관계들은 그 밖의 다양한 용어들로 포착되고 있다.

또한 GTVH는 유머러스한 플롯(plot)에 대해서도 논의하고 있다. 먼저, 전형적인 우스갯얘기의 경우와 구조적으로 비슷하게 텍스트의 마지막에 펀치 라인이 있음으로써 반전이 있고 스토리의 재해석을 요구하는 경우를 예로 들 수 있다. 메타내러티브 위반을 통해서도 유머러스한 플롯을 얻게 되는데, 내레이터가 내러티브 층위 사이의 경계를 지키지 않고 이야기 세계에서 현실 세계로 침투한다든지 하는 것이다.

---

3) 차코나(Tsakona 2003)는 내러티브 형식의 우스갯소리, 곧 우스갯얘기 가운데 일부에서는 스트립트 대립을 유발하는 잽라인이 도입되며, 이때의 잽라인은 펀치라인과는 다른 역할 분담을 한다는 주장을 했다.

3.2. 유머언어학의 새로운 동향

지금까지 유머언어학은 SSTH/GTVH 중심으로 전개되어 왔다고 해도 과언은 아니다. 앞에서 언급했듯이, 이 두 이론은 무엇보다, 언어 유머를 다룬다 해놓고 실제로는 유행 우스갯소리를 중점적으로 다룬 점에서 한계가 있다. 그래도 GTVH의 영향력은 줄지 않아서 최근까지도 이 이론을 우스갯소리 이외의 다양한 언이유머 형식들에 적용하면서 확장하고 발전시키려는 노력이 끊이지 않고 있다(예컨대, Archakiss & Tsakona 2005; Hempelmann & Ruch 2005; Ermida 2008; Tsakona 2009, 2013).

한편 유머언어학에서는 SSTH/GTVH를 넘어서는 새로운 움직임도 일고 있다. 유머 현상이 워낙 복잡다단하고 유머 자극도 매우 세분화되어 있기 때문에 이것들을 포착하려는 모델과 가정도 다양화될 수밖에 없다. 이러한 관점의 다변화는 최근에 유머 관련 국제저널(예컨대, 『HUMOR: International Journal of Humor Research』, 『International Studies in Humour』, 『The European Journal of Humour Research』, 『The Israeli Journal of Humor Research: An International Journal』)과 편집 논문집(예컨대, Norrick & Chiaro 2010; Dynel 2011, 2013; Tsakona & Popa 2011; Chovanec & Ermida 2012; Ruiz Gurillo & Alvarado Ortega 2013; Brône et al. 2015)에 실리고 있는 논문들이 말해 주고 있다.

이 개별 접근들은 대체로 담화분석, 화용론, 사회언어학, 인지언어학 등의 흐름과 맥을 같이 하고 있다고 볼 수 있다. 또한 다루는 유머 자극의 형태도 매우 다양하다. 유머 자극의 유형/형식/종류/장르 등은 아주 다양한 기준을 통해 규정될 수 있으므로, 유머 자극의 구현 형태에는 거의 제한이 없다고 해도 과언이 아니다. 그래서 언어 유머 그리고 언어-비언어 유머의 다양한 형태에 대한 논의가 활발하다. 특히 그 동안의 유행 우스갯소리 일변도의 연구에서 벗어나 대화적 상호작용에서 자발적으로 발생하는 대화 유머에 대한 연구가 많이 이루어지고 있다. 그리고 이러한 언어(-비언어) 유머가 영화, 인터넷, TV쇼, 광고 등 다양한 미디어를 통해 어떻게 구현되는지도 유머언어학의 주된 관심사가 되고 있다.

3.3. 언어 우스개의 유형

유머언어학의 주류는 지난 30여 년 가까이 주로 이미 만들어져 유통되는 우스갯소리(canned joke)를 연구대상으로 해 왔다. 그러다 보니 국내 연구에서도 '유머 텍스트' 하면 으레 이 유형의 언어 유머를 암묵적으로 상정하게 되었다. 국내의 유머언어학에서는 초기에 국어학자들이 중심이 되어 '유머 텍스트'(주로 우스갯얘기)의 웃음 유발 장치나 유머 생성 원리(이도영 1999; 손세모돌 1999; 구현정 2000 등)가 논의되었고, 뒤이어 유머 텍스트의 화용론적 추론 양상에 대한 연구(남경완 2002a, 2002b 등)도 시작되었다. 이후 화용론과 텍스트언어학의 이론적 관점에서 한국어 유머에 대한 연구도 이루어졌다(이재원 2003a, 2003b, 2006; 한성일 2004a, 2004b, 2006, 2008 등).

언어 우스개의 유형 분류에 대한 연구는 근래 들어 윤민철(2010)에서 시도되고 있을 뿐, 아직 이렇다 할 연구가 없는 것 같다. 윤민철(2010)은 '문맥 분리형 유머'와 '문맥 연결형 유머'를 구분했는데, 문맥 연결형 유머가 "일반적인 유머에서 차지하는 비중은 크지 않다"고 봄으로써 대화 우스개의 세부 유형에 대한 검토는 이루어지지 않고 있다. 우스갯얘기를 중심으로 한 기성 우스개가 비록 우리가 흔히 접하는 것이라 할지라도, 언어 우스개의 중심은 어디까지나 대화상의 상호작용에서 사용되는 우스개일 것이다.

유행 우스갯소리나 우스갯얘기는 언어 유머(앞으로 '언어 우스개'로도 칭한다)에서 중요한 위치를 차지하고 있기는 하지만 일상의 유머 현상을 관찰해 볼 때 언어 우스개 스펙트럼의 한 좁은 부분만 채울 뿐이다. 따라서 이 스펙트럼의 나머지 넓은 영역은 어떤 언어 우스개가 차지하고 있는지 간략하게 조망해 볼 필요가 있다. 여기에는 대인 커뮤니케이션이 일어나는 대화중에 즉석에서 지발적으로 산출되는 대화 유머(앞으로 '대화 우스개'로도 칭한다)의 다양한 유형들이 포함될 것이며, 유머 자극의 최소 단위로 간주될 수 있는 어휘 차원의 우스개도 간과되어서는 안될 것이다. 또한 언어-비언어 복합양식적인 우스개도 유머언어학의 연구대상으로 주목해 봐야 할 것이다.

언어 우스개의 유형 분류는 유머언어학의 지평을 확보하고 연구방향을 설정하는 데 토대가 되어 준다는 점에서 시급하게 요청되는 일이다. 하지만 언어 우스개를 어떻게 체계적으로 분류할 것인지에 대한 논의는 여전히 미흡한 실정이다. 물론 대상의 영역 경계를 칼로 자르듯이 분명하게 긋는 범주화 작업은 대상 본질의 측면에서도 연구 실천의 측면에서도 달성하기 어려운 무모한 일일 것이다. 따라서 여기서는 전체 지형에 대한 정밀화보다는 부각되는 지점들을 포착하고 이들의 연결 관계를 개략적으로 보여주는 스케치를 그리는 것으로 만족하려고 한다.

언어 우스개는 연구자가 취하는 세부 관점에 따라 다양한 방식으로 유형화될 수 있겠지만, 이 책에서는 대략 다음과 같은 기준에 의존하고자 한다.

I. 수직적 기준

a. 기호양식 층위

b. 언어학적 분석단위 층위

c. 부조화의 지각-해소 방식 층위

II. 수평적 기준

a. 생산 및 사용의 방식 층위

b. 사용맥락 및 의도 층위

각 층위 별로 제시할 수 있는 세부 조건과 기준을 비롯하여 이에 따른 가능한 언어 우스개의 유형 분류를 개략적으로 제시해 보기로 하자. 먼저 수직적으로 기호양식에 따라(I-a) 우스개를 크게 분류했을 때 언어 우스개의 위치는 그림 4와 같다.

우리의 일상과 대중 매체에 넘쳐나고 있는 유머 자극, 곧 '우스개'는 크게 보아 '언어(verbal) 우스개'와 '비언어(non-verbal) 우스개'로 나눌 수 있다. 언어 우스개는 입말 또는 글말 형태를 띠면서 사적 또는 공적인 상황에서 매우 다양한 방식으로 실현된다. 비언어 유머는 예컨대 시각적으로 표정, 동작, 행동 등을 직접 제시하거나 언어가 개입하지 않는 그림, 음악 등의 매체적 재현을 통해 표현될 수 있을 것이다. '언어-비언어 우스개'는 언어 기호와 비언어 기호가 복합적으로 투입되는, 곧 '복합양식적(multimodal)'인 매체적 재현(카툰, 만화, 광고, 영상 등)을 통해 표현된다. 기호학적 언어학의 관점에서는 언어적인 것을 중심에 놓고 비언어 기호양식이 어떻게 참여하여 양자가 상호작용하여 유머 효과를 일으키는지 탐구하는 것도 중요한 연구영역으로 삼을 수 있을 것이다.

이제 언어 우스개에 초점을 맞추면, 언어 우스개는 먼저 수평적으로 우스개의 생산 및 사용 방식에 따라(II-a) '기성(旣成) 우스개'와 '즉석 우스개'로 나눠 볼 수 있다. 기성 우스개는 누군가에 의해 이미 만들어져 유통되는 언어 우스개이다. 즉석 우스개는 화자가 대화중

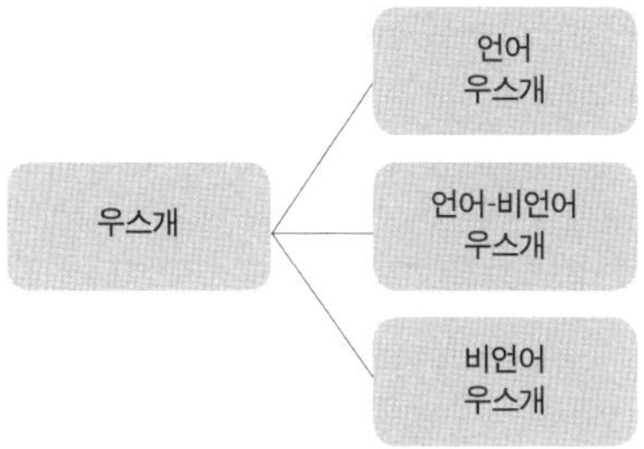

그림 4. 기호양식에 따른 우스개 대분류

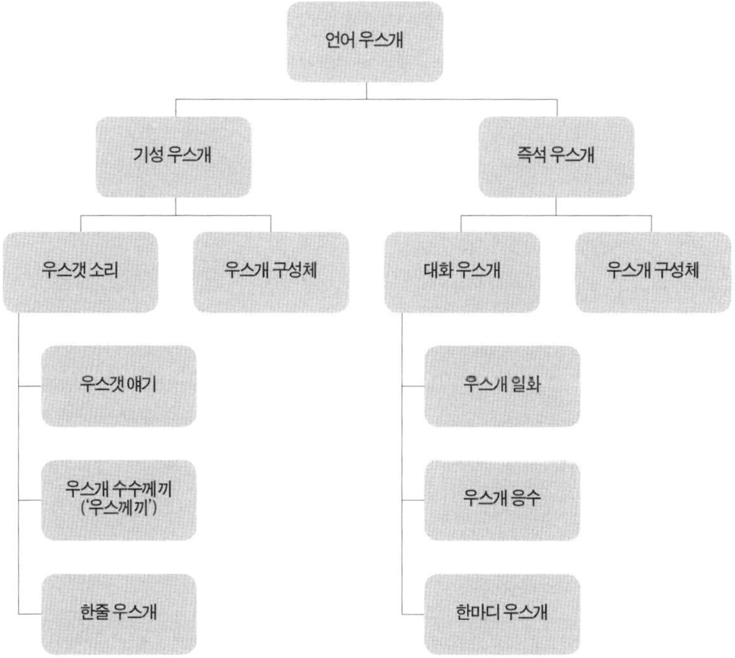

그림 5. 언어 우스개의 가능한 유형 분류

에 즉석에서 창의적으로 생산하는 언어 우스개이다. 각 우스개에 언어학적 분석단위에 따른 수직적 분류를 적용시킨 결과는 그림 5와 같이 나타낼 수 있다.

언어 우스개 가운데 기성 우스개의 주요 영역을 '우스갯소리'로 지칭하겠다. 이 말은 영어의 "joke", 독일어의 "Witz"에 상응하는 것이다. 일상어의 '우스갯소리'는 즉석 우스개일 수도 있지만, 이 책에서는 기성 우스개의 의미로 제한하여 사용하겠다. 영어권 연구에서도 "joke"는 보통 기성 우스개로서의 우스갯소리를 뜻하는데, 이 측면을 강조하기 위해 "canned joke"라는 말을 쓰기도 한다. 즉, 통조림처럼 미리 만들어져 간편하게 휴대하여 소비할 수 있는 우스갯소리라는 뜻이다. 이러한 우스갯소리는 흔히 출판물, 인터넷 등의 매체를 통해 읽고 즐기거나 대화중에 여흥으로 도입되어 구술되기도 한다.

다소 느슨한 분류이기는 하지만, 우스갯소리는 그림 5에서 보듯이 언어학적 분석단위에 따라 먼저 비교적 짧은 이야기 텍스트인 '우스갯얘기', 문답으로 이루는 '우스개 수수께끼'[4], 한두 문장 길이의 '한줄 우스개(영어에서 "one-liner"로 지칭되는 것)'로 구분될 수 있다. 예를 들면 각각 다음과 같다.

[우스갯얘기]

서울 아들집에 왔던 한 할머니가 난생 처음 비행기를 타고 부산 집으로 내려가게 되었다. 처음 타 보는 비행기가 신기하여 여기저기 둘러보는데 마침 비즈니스석이 몇 군데 비어 있다. 그 순간 할머니는 비좁게 앉아 있던 좌석에서 일어나 얼른 비즈니스석으로 가서 앉았다.

이를 본 승무원이 다가와 제자리에 앉으라고 말했지만 먼저 앉는 사람이 임자라며 막무가내였다. 승무원과 할머니가 큰 소리로 실랑이하자, 옆자리에 앉아 책을 읽던 한 신사가 할머니에게 한 마디 했다.

"할머니, 그 자리는 부산 가는 자리가 아니라 제주도 가는 자리예요."

---

4) 줄여서 혼성조어를 만들어 '우스께끼'(우스개 + 수수께끼)로 부를 수도 있을 것이다.

그러자 깜짝 놀란 할머니는 **얼른 제자리로 뛰어갔다**.

[우스개 수수께끼('우스께끼')]

가짜 휘발유를 만들 때 가장 많이 들어가는 것은?

- **진짜 휘발유**.

[한줄 우스개]

어떤 씨름 선수는 힘이 세어지라고 쇠고기만 먹는다고 하는데, 나는 그렇게 물고기를 많이 먹었는데 **왜 수영을 못하는 걸까?**

우스갯얘기는 보통 내러티브(서사) 구조를 취하는데, 대개 도입-전개 부분과 결말 부분을 갖는다. 우스개 수수께끼는 화자가 보통 질문을 하고 청자가 보통 대답을 못하면서 화자가 답을 알려 주면 웃음이 유발되는 형식을 취한다. 한줄 우스개는 보통 한두 문장으로 이루어지는 매우 짧은 우스갯소리인데, 스토리를 갖지 않고 대개 어떤 일에 대한 논평이나 재규정의 성격을 띤다. 이런 우스갯소리에서는 부조화, 위반, 반전, 놀람, 기대의 벗어남 등을 지각하게 하고 웃음을 유발하는 펀치라인이 존재한다(위의 예에서 진한 글자 부분).

기성 우스개의 또 다른 유형으로서 '우스개 구성체'는 우스갯소리와 구분되게 하는 별도의 특징을 갖는다. '구성체(construction)'는 인지언어학의 '구성체 문법(Construction Grammar)'(예컨대, Hoffmann & Trousdale 2013 참조)에서 말하는 의미로 이해하고자 한다. 다시 말해, 구성체는 형태와 의미의 연결로 이루어지는 언어 기호(형태-의미 구성체)로서 형태소, 단순어부터 시작해서 조어(word-formation), 성구(成句, phraseme), 통사적 구문에 이르기까지 다양하다. 우스개 구성체는 언어 우스개로서는 최소 단위가 아닐까 한다.

이러한 '우스운' 구성체는 형태소나 단순어 자체보다는 대체로 이미 존재하는 1차 기호들을 토대로 하여 다시 구성된 2차 기호(상위기호)라 할 수 있는 조어, 성구, 구문이 되어 줄 것이다. 그동안 유머 연구에서 그다지 주목받지 못했던 구성체 차원의 유머 현상에 대해서는 제5장과 제6장에서 중점적으로 다루어질 것이다.

이제 언어 우스개 가운데 '즉석 우스개'를 살펴보자. 즉석 우스개도 두 가지 유형, 곧 '대화 우스개'와 '우스개 구성체'로 구분될 수 있다. 대화 우스개는 대화중에 참여자들이 상호작용하면서 즉석에서 자발적으로 생산되는 우스개라고 할 수 있다. 다시 말해, 대화 우스개는 대화가 진행되면서 상대방이 앞서 한 말에 대한 반응으로서 또는 대화 상황이나 상대의 행동에 대한 논평으로서 맥락 관련성 있게 만들어지는 우스개인 것이다. 전통적인 유머언어학의 주류에서는 대화 우스개에 대한 논의가 극히 적었지만, 최근 들어서는 대화 우스개에 대한 관심이 늘고 있다(예컨대 Norrick 1993, 2003; Kotthoff 1996, 1998, 2006; Boxer & Cortés-Conde 1997; Veale et al. 2006; Coates 2007; Norrick & Chiaro 2009 등). 이러한 대화 우스개는 매우 복잡한 양상으로 발현되기 때문에 유형화가 쉽지 않다. 이 책에서는 언어학적 분석단위의 층위와 사용맥락 및 의도의 층위를 중심 기준으로 삼아서 볼 때 개략적으로 그림 5에서 보인 유형화가 가능할 것이다.

대화 우스개 가운데 '우스개 일화'는 기성 우스개의 우스갯얘기에 상응하는 것으로 볼 수 있다. 대화에서 이야기가 상호작용적으로 사용되는 것은 다소 무리가 있어 보이지만, 일화(anecdote) 형식으로 대화에 우스개가 도입될 수 있을 것이다. 우스개 일화는 화자 본인이나 유명인사의 삶의 체험 이야기에 유머적 요소가 가미된 것이라 할 수 있다. 이 유형의 우스개에도 펀치라인이 있는지, 다른 유머러스한 문학적인 이야기와는 어떻게 구분되는지는 앞으로 연구되어야 할 과제이다.

'우스개 응수'는 상대의 말에 대한 재치있고 유머러스한 응수(應酬)라고 할 수 있다. 상대의 말과 응수과 하나의 쌍을 이루어 의미있는 대화 우스개 단위가 될 수 있을 것이다. 여기에는 장난스럽지만 공격적인, 상대를 흉보는, 모욕하는 성격의 우스개도 포함될 수 있을 것이다. 이 유형의 세부 양상을 살펴보기 위해서는 코퍼스에 의한 대화 분석이 필요하다.

한두 마디 문장으로 이루어지는 대화 우스개로서 '한마디 우스개'(기성 우스갯소리의 '한줄 우스개'와 구분하기 위해 붙인 이름이다)는 대화에서 맥락과 연결되어 의사소통에 기여하는 방향으로 사용되는 우스개이다. 한마디 우스개는, 대화를 유머 모드로 전환하여 그 속에서만 의미를 갖는 기성 우스갯소리의 사용과 달리, 유머 효과 외에도 대화 전개에 의미적 기여를 한다. 즉, 어떤 사안에 대해 규정을 하거나 평가를 하는 등 다양한 의사소통 기능을 하게 된다. 그래서 무작정 웃기려고만 하는 것보다는 재치 있는 농담, 유머러스한 경구의 성격이 강한 것이라고 할 수 있다.

즉석 우스개에서도 대화 우스개 외에 '우스개 구성체'가 있다. 이때의 우스개 구성체는 화자 자신이 언어를 사용하는 중에 즉석에서 창의적으로 유머러스하게 만든 조어, 성구, 구문 등의 구성체를 말한다.

그러나 실제 대화에서는 언어의 어휘체계에 이미 관습화된 기성 우스개 구성체를 그대로 사용할 수도 있고, 유명인의 발언이나 영화, 드라마 등에서 이미 사용된 적이 있는 유행 표현을 가져와 그대로 사용할 수도 있으며, 그것들을 일부 변형해서 이용할 수도 있다. 유머러스한 신조어는 개인이 즉석에서 만들 수도 있겠지만 대부분 이미 만들어진 기성 우스개라고 할 수 있다. 우스개 구성체에는 다양한 수사적 기법이 사용되기도 한다. 직유, 은유, 과장, 역설, 반어 등 다양한 비유법이 동원될 수 있는데, 유머와 관련한 세부 연구는 여전히 미흡한 상태에 있는 것으로 보인다. 이 책에서는 이 문제를 제5장에서 다시 거론할 것이다.

Ⅳ 우스갯소리의 유머 메커니즘

4

우스갯소리의 유머 메커니즘

이 책에서 규정한 의미의 우스갯소리(3.3 참조)는 유머언어학에서뿐만 아니라 다른 분과학문의 유머 연구에서도 유머 자극(우스개)의 전형적인, 대표적인 것으로 간주되어 왔다. 우스갯소리는 전체 우스개의 극히 일부분에 불과하지만 분석이 비교적 용이하다. 우스갯소리는, 말하자면, 한 덩어리로 압축되어 있어서 취급이 간편하기 때문일 것이다. 우스갯소리는 자연발생적인 것이라기보다는 인위적인 것이라고 할 수 있다. 즉, 원천 생산자를 확인하기는 어렵지만 인위적으로 정교하게 고안된 상품과 같아서 쉽게 전파되고 소비되며, 유통되면서 변형도 이루어진다. 헐리 등(Hurley et al. 2011: 159)에 따르면, 우스갯소리는 "향수, 화장, 인공 감미료, 음악, 미술이 자연이 주는 것보다 더 과장된 경험을 우리에게 가져다주는 것처럼, 우리의 유머 포착 성향을 이용하는 자연초과 자극(super-normal stimuli)의 전형적인 예"가 된다. 이 장에서는 이러한 우스갯소리가 어떻게 우스움의 유머 감정을 유발하는지 부조화-해소 모델을 바탕으로 그 인지메커니즘을 살펴본다.

4.1. 우스갯소리의 구조

우스갯소리(곧 우스갯얘기, 우스개 수수께끼, 한줄 우스개)는 일반적으로 두 구성요소, 곧 '구축부(setup)'와 '펀치라인(punch line)'로 이루어지는 것으로 알려져 있다.[1] 구축부는 우스갯소리의 전반부로서 전개될 상황이 설정되고 서술되면서 수용자에게 어떤 생각과 기대를 갖게 한다. 우스갯소리의 후반부인 펀치라인은 이러한 생각과 기대를 수정 또는 파기시키게 하고 웃음을 유발하는 짧은 끝부분이 된다. 펀치라인('때림 구절')은, 그 명칭이 암시하듯이, 구축부에서 긴장, 흥미, 기대를 돋우며 구축된 상황을 마치 펀치를 날려 쓰러뜨리듯이 무너뜨린다. 물론 우스갯소리의 구축부-펀치라인 양분구조는 우스갯소리의 개별 장르에 따라 좀 더 세분화될 수도 있고 다른 명칭이 부여될 수도 있다.

우스갯얘기는 내러티브 구조를 취하는, 웃음을 유발하는 허구적인 짧은 이야기라 할 수 있다. 우스갯얘기는 다른 문학적 서사 장르들에 비하면 그 서사구조가 매우 단순하다. 문학에서 알려진 대표적인 서사구조는 구스타프 프라이타크(Freytag 1863: 100)의 피라미드 구조라고 할 수 있다. 이것은 '도입(Einleitung)—전개(Steigerung)—절정(Höhepunkt)—반전 (Fall/Umkehr)—종결(Katastrophe)'이라는 5분 구조이다. 우스갯얘기는 그 정도로 세분화할 수는 없지만, 대체로 '도입—전개—결말'의 3분 구조는 취한다고 볼 수 있다. 도입부는 등장

---

1) 이 용어는 먼저 "build-up—punch"(Hockett 1972)라는 쌍으로 제안되었다. 이후 학자에 따라 첫 번째 요소는 "build-up/buildup/setting/set up/set-up/setup"으로, 두 번째 요소는 "punch line/punchline"으로 쓰이고 있다(예컨대, Sherzer 1985; Navon 1988; Norrick 2001; Chafe 2007; Dynel 2009a). 여기서는 아타르도(Attardo 2014)를 따라 "setup—punch line"을 취한다.

<표 1> 우스갯얘기의 서사구조

구축부	도입	어느 호텔 바에 어떤 손님이 혼자 와서 앉더니 온 더 락스 칵테일 두 잔을 시켰다. 시간이 좀 지나고 나서 위스키 두 잔을 시켰다. 그리고 한 시간쯤 후에 다시 위스키 두 잔을 더 주문했다.
	전개	이것을 지켜보던 바텐더가 그 고독한 손님에게 말을 걸었다. "저, 실례합니다. 제가 상관할 문제는 아니지만, 왜 위스키를 한 잔씩 한 잔씩 주문하시지 않고 한꺼번에 두 잔씩을 시키시나요?" "궁금하셨나 보군요. 왜냐면요 저한테 둘도 없는 친구가 있는데 지금은 외국에 살아서 이런 식으로나마 함께 건배를 하고 있는 중이지요." "아, 정말 우정이 대단하시군요." 하고 바텐더가 말했고, 손님을 계산을 하고 바를 떠났다. 일주일 후에 다시 그 손님이 왔는데, 이번에는 위스키를 한 잔만 시켰다. 한참 후에 다시 한 잔을 더 시켰다. 바텐더는 이상하게 생각했고 손님이 다시 한 잔을 더 시키자 궁금함을 참지 못하고 물었다. "저, 실례합니다. 여쭈어 봐도 될지 모르겠지만, 그 친구 분한테 혹시 안 좋은 일이라도 생겼나요?"
펀치라인	결말	"아뇨, 아뇨, 그 친구는 아주 건강하게 잘 살고 있지요. 제가 술을 끊었어요."

인물, 상황, 진행될 사건의 맥락 등이 제시됨으로써 앞으로 사건이 전개될 허구 세계가 구축되는 곳이다. 전개부에서는 사건이 전개되면서 문제나 갈등이 발생하고 수용자가 어떤 기대나 의문을 품게 된다. 결말부에서는 갈등이나 의문이 해결된다. 우스갯소리의 '구축부–펀치라인' 2분 구조를 적용하면, 도입부, 전개부가 구축부에 해당하고, 결말부는 펀치라인이 된다. 이것을 우스갯얘기로 예시해 보면 표 1과 같다.[2)]

우스갯얘기의 3분 서사구조는 학자들에 따라 다양한 명칭으로 지칭되어 왔는데 그 기본 개념은 거의 동일하다. 예를 들면, '도입(Einleitung)—극화(Dramatisierung)—반전(Pointe)'(Marfurt

---

2) 이 책에서 예로 소개되는 우스갯소리들은 출판 유머집(참고문헌 참조), 유머 관련 논저(Karasek 2011), 그리고 인터넷 웹문서 등에서 수집한 것들이다. 필요에 따라서는 번역을 해서 옮기거나 약간의 변형도 가했다. 편의상 인용한 우스갯소리의 정확한 출처는 일부 필요한 경우를 제외하고는 표시하지 않았다.

1977), '도입(Einleitung) —옮겨감(Überleitung)—반전(Pointe)' (Lixfeld 1978), '제시(Exposition)—균열(Bruch)—반전(Pointe)' (Ulrich 1979), '도입(introduction)—대화(dialogue)—펀치라인 (punchline)'(Attardo & Chabanne 1992)와 같은 것들이 있다. 아타르도(Attardo 1994: 87이하)는 구체적인 명칭 사용을 피하고 세 구성요소를 '서사기능(narrative function) 1, 2, 3'(= 'F1, F2, F3')으로 지칭하기도 한다.

하지만 우스갯얘기의 3분 구조가 늘 명확한 것은 아니다. 예컨대, 도입부가 아주 간략하게 처리되거나, 명시적으로 제시되지 않고 전체 텍스트에서 내용이 추론될 수 있도록 하는 경우도 많다. 물론 이런 경우는 글로 된 유머 모음집 같은 데서 흔히 볼 수 있는 현상이지만, 이것들이 입말로 구술될 때는 도입부가 구체적인 형태로 복원되어 나타날 것이다. 아래 (a)와 같은 우스갯얘기는 전형적으로 짧은 도입부(밑줄 친 부분)를 거쳐서 대화가 나오고 마지막 펀치라인으로 끝난다. (b)와 같이 상황이 분명한 경우에는 우스갯얘기가 명시적인 도입부 없이 대화로만 구성될 수도 있다.

(a) 영구와 맹구가 술을 마시고 있었다.

영구: 오늘은 마음껏 마시자고….

맹구: 영구야, 그런데 그렇게 술을 마시면 마누라가 잔소리하지 않아?

영구: 그런 걱정하지 마! 난 귀찮게 하는 마누라가 없다고!

그러자 맹구는 이상한 표정으로 영구를 쳐다보고 한마디 했다.

"그렇다면 왜 그렇게 밤새도록 취하려고 하는 거야?"

(b) 환자: 저는 건망증이 너무 심해서 왔습니다.

의사: 먼저 돈부터 내시죠.

우스갯얘기는 짧은 시간 안에 유머 효과를 일으켜야 하는 특성상 스토리가 복잡하지 않은, 대체로 단일 사건을 서술하는 단순한 내러티브가 되기 마련이다. 그래서 여러 스토리라인이 겹치는 복잡한 내러티브로 실현되기는 어렵다. 다만 이른바 '3단 우스갯얘기(three-part koke/tricolon joke)'(Partington 2006: 42)와 같이 좀 더 복잡한 구조를 보이는 경우는 있다. 아래의 예에서 보듯이, 3단 우스갯얘기는 보통 세 사람이 중심인물로 등장하고 같은 조건 하에서 각자 다른 반응이나 행동을 보이는 스토리를 갖는다.

> 프랑스인, 미국인, 일본인, 한국인을 비롯하여 그 밖의 여러 나라 사람들이 비행기를 타고 가고 있었다. 그런데 갑자기 비행기가 연기를 뿜으며 추락하기 시작했다. 사람들이 비명을 지르며 살려달라고 하고 있을 때, 조종사가 객실로 와서 세 명만 뛰어내리면 나머지는 살 수 있다고 말했다. 사람들은 순간 고민에 빠졌다.
>
> 그때 프랑스인이 "죽음도 예술이다!"고 외치며 비행기 밖으로 뛰어내렸다.
>
> 곧이어 미국인이 "세계 최강 미국 만세!" 하고 뛰어내렸다.
>
> 이제 한 명만 더 뛰어내리면 모두 살 수 있다는 희망을 갖고 남은 사람들은 서로 눈치를 보는 순간, 한국인이 벌떡 일어나면서 "대한 독립 만세!" 하고 외쳤다. 그리고는 옆에 있던 일본인을 잽싸게 비행기 밖으로 집어던졌다.

우스개 수수께끼는 우스운 문답, 난센스 퀴즈라고 할 수 있는데, 질문과 대답이 각각 구축부와 펀치라인에 해당한다. 하지만 이 문답은 엄밀하게 말하면 두 사람 사이에서 이루어지는 것이 아니라, 화자가 단독으로 만들어내는 텍스트이다. 보통 화자가 대답이 거의 불가능한 질문을 청자에게 내고는 화자가 다시 답을 알려주는 방식으로 진행되는 것이다.

(a) 질문: 음식에 앉은 파리를 내쫓자 파리가 한 말은?

대답: 내가 먹으면 얼마나 먹는다고.

(b) 질문: 인삼은 6년근일 때 캐는 것이 가장 좋다. 산삼은 언제 캐는 것이 제일 좋은가?

대답: 보는 즉시.

(c) 질문: 남자의 코가 크면 무엇도 큰가?

대답: 콧구멍, 코딱지.

(d) 못사는 사람이 많을수록 돈 버는 장사는?

대답: 못 장사.

하지만 좀 더 복합적인 우스개 수수께끼도 가능하다. 질문과 대답이 한 번으로 끝나는 것이 아니라 관련성 있는 주제나 흐름을 따라 이중 또는 그 이상의 세트로 구성될 수도 있다.

질문: 일본에서 가장 인심 좋은 사람 이름은?

대답: 내벤또 니까무라 상.

질문: 일본에서 가장 잔인한 사람 이름은?

대답: 도끼로 이마까라 상.

질문: 일본에서 지독한 구두쇠 이름은?

대답: 무라까와 쓰지마 상.

...

우스개 수수께끼는 화자(A)가 상대방(B)과의 상호작용을 유도하면서 좀 더 길게 구성될 수도 있다. 물론 이때 마지막 부분이 펀치라인이 된다.

A: 벙어리가 가게에 가서 칫솔을 달라고 하면 어떻게 해야 되지?

B: 손짓으로 이렇게 이를 닦는 시늉을 하면 되겠지.

A: 그러면 장님이 가게에 가서 지팡이를 달라고 하면 어떻게 해야 되지?

B: 몸짓으로 지팡이 짚는 시늉을 하면 되겠지.

A: 아니야, 말로 하면 되지.

또한 우스개 수수께끼는 어떤 물음에 대해 다양한 부류 사람(인종, 성별, 연령, 직업 등)이나 특정한 기준에 따라 달라지는 대답을 제시하는 식으로 구성되기도 한다.

질문: 여자가 싫어하는 남성상은?

10대 여자의 대답: 지가 왕자인 줄 착하는 남자.

20대 여자의 대답: 지가 킹카인 줄 착각하는 남자.

30대 여자의 대답: 지가 하늘인 줄 착각하는 남자.

40대 여자의 대답: 지가 남자인 줄 착각하는 남자.

끝으로, 한줄 우스개는 우스갯소리 가운데서 가장 짧고 단순한, 압축된 형식이라고 할 수 있다. 다른 우스갯소리(우스갯얘기, 우스개 수수께끼)가 펀치라인을 갖기 위해 좀 더 번거로운 구축부의 텍스트 구성이 필요한 반면에, 한줄 우스개는 거의 단번에 유머 효과를 내기 위해 비교적 적은 수의 단어들이 이용되어 한두 문장으로 구성된다. 한줄 우스개도 대체로 구축부와 펀치라인에 해당하는 요소를 갖는다. 다음 예들은 어떤 사태에 대한 논평, 의문을 제시하는 형식으로 되어 있다.

(a) 짐승보다 못한 놈과 짐승보다 더한 놈 중 어느 놈이 더 나쁘지?
(b) 공중화장실은 온통 신사용과 숙녀용으로 구분되어 있는데, 도대체 나 같은 건달은 어디서 일을 봐야 하나?
(c) 아내가 온갖 정성을 들여 눈 화장을 한다. 그런데 갑자기 선글라스는 써는 이유는 뭘까?
(d) '나 원 참'이 맞는 걸까, '참 나 원'이 맞는 걸까? 대학원까지 나왔는데 이것도 모르다니, 원 참 나.
(e) 물고기의 아이큐는 0.7이라 한다. 그렇다면 그런 물고기를 놓치는 낚시꾼의 아이큐는 얼마인 걸까?

한줄 우스개는 그 밖에도 매우 다양한 형식으로도 구현될 수 있다. 먼저 흔히 실수, 엉뚱함 등을 보이는 에피소드로 위장해서 웃기는 한줄 우스개를 예로 들 수 있다.

(a) 남편이 아내에게 처음으로 핸드폰을 사 주고 받은 첫 문자메시지는 "여보, 사망해요"였다.
(b) 갑자기 '회갑잔치'란 말이 생각나지 않아서 육갑잔치 잘 치르셨냐고 물었다.
(c) 친구한테 '민토' 앞에서 보자고 했더니, 민병철 토익학원 앞에 가서 기다리면서 왜 늦느냐고 성화였다.
(d) 어떤 할아버지에게 제일 좋아하는 폭포를 물으니 "나이야가라 폭포"라고 하신다.
(e) 우리 동네 절에 안내문이 붙었는데 '여러분, 새해엔 모두 불자 되세요'란다.

그 밖에도 뭔가를 엉뚱하게, 재치있게 정의하거나 재규정하는 것도 한줄 우스개의 예라 할 수 있다.

(a) 신혼이란 한 사람은 신나고 한 사람은 혼나는 것이다.

(b) 남존여비란 남자가 존재하므로 여자가 비참해진다는 뜻이다.

(c) 죽마고우란 죽치고 마주앉아 고스톱 치는 친구라는 뜻이다.

(d) 라면의 법칙이란 먹고 싶지 않을 땐 라면이 잔뜩 있고, 먹고 싶을 때는 라면이 없다는 것이다.

(e) 시험의 법칙이란 공부를 안 하면 몰라서 틀리고, 어느 정도 하면 헷갈려서 틀린다는 것이다.

우스갯소리는 사실 편의상 우스갯얘기, 우스개 수수께끼, 한줄 우스개라는 세 범주로 나누었지만 여기에 포함되지 않는 독특한 형식들도 존재할 것이다. 또한 이 세 범주의 우스갯소리는 서로 다른 형식으로 '번역'이 가능한 경우도 있을 것이다.

4.2. 우스갯소리의 부조화-해소 유형

유머 자극으로서 우스갯소리가 유머 효과를 갖게 하는 기본 메커니즘은 앞에서 살펴본 부조화-해소 모델(2.3 참조)이다. 부조화를 인지하는 방식과 해소하는 방식의 구체적인 성격에 대해서는 오늘날 유머학에서 여전히 논란이 되고 있다. 이 책에서는 부조화와 부조화 해소에 관한 많은 저술에서 기본적인 가정으로 받아들여지는 사항을 취해 논의의 토대로 삼겠다. 앞에서도 언급했지만, 전통적인 부조화 이론에서는 부조화를 지각하는 것만으로도 유머효과가 발생한다는 가정을 했지만, 20세기 후반의 유머학에서는 유머 효과가 있기 위해서는 부조화가 '해소'되는 과정도 필요하다는 견해가 우세하다(자세한 것은 Forabosco 1992, 2008 참조). 부조화의 '해소(resolution)'라는 표현에서는 다소 주의할 점이 있다. 언어유머 텍스트를 해석하는 과정에서 지각된 부조화는 완전히 '해결'되어야 하는 것은 아니라는 점이다. 유머 텍스트에서의 부조화는 진지한 텍스트에서 객관적으로, 논리적으로 문제 해결이 이루어지듯이 해소되는 것이 아니다. 유머의 부조화는 우스개의 '자체 논리'에 의해 해소된다. 마이클 멀케이(Mulkay 1988: 35)도 지적했듯이, 우스개 담화에서 찾아지는 '조화'는 일상의 기준으로 판단했을 때 여전히 '앞뒤가 맞지 않은' 경우가 많다. 그래서 '해소'되었다고 하는 부조화는 완전히 제거된 것이 아니라, 말하자면 "조화된 부조화(congruent incongruity)"(Forabosco 1992: 59)로서 남아 있는 것이다. 다시 말해, 우스갯소리 텍스트는 "조화와 부조화가 동시에 보여지도록 설계된다"(Mulkay 1988: 33). 이처럼 부조화 해소되는 양상이 현실의 이치에는 여전히 맞지 않지만 그럴싸하게 보이게 함으로써 정당화되는 측면을 그동안 학자들은 "무의미 속의 의미(der Sinn im Unsinn)"(Freud 1905: 15), "국지적 논리(local logic)"(Ziv 1984: 90), "조화된 부조화(congruent incongruity)"(Forabosco 1992: 59), "적절한 부조화(appropriate incongruity)"(Oring 1992: 1-15; 2003: 1-12), "가짜 타당성(pseudo-plausibility)"(Chafe 2007: 9) 등으로 불러왔다.

그렇다면 우스갯소리에서 유머 효과를 위해 부조화의 인지 및 해소가 어떤 양상으로 실현되는지를 살펴보겠다. 우스갯소리를 분석하는 문헌을 보면 대개 특정 유형만을 강조하는 경우가 많은데, 우스갯소리 코퍼스를 조사해 보면 아주 다양한 부조화-해소 유형이 발견된다. 관련 논의는 이미 여러 곳(예컨대, Wenzel 1989; Dynel 2012a; 강병창 2014a, 2014b, 2015b)에서 특히 우스갯얘기와 관련하여 이루어졌는데, 여기서는 기존의 논의에서 제안된 유형을 수정, 보완, 추가하여 우스갯소리 전반에 적용되는 부조화-해소 유형을 제시한다. 여기서는 라스킨(Raskin 1985)이 제안한 '스크립트' 개념 대신에 인지언어학에서 널리 쓰이는, 좀 더 포괄적인 '틀(frame)' 개념을 (은유적으로) 이용하여 우스갯소리의 부조화-해소 유형을 크게 다섯 가지, 곧 '틀 바꾸기', '틀 고치기', '틀 밝히기', '틀 망치기', '틀 겹치기'로 구분하고자 한다.

4.2.1. 틀 바꾸기

인지과학과 인지언어학에서 잘 알려진 개념으로서 '틀(frame)'은 일찍이 필모어(Fillmore 1968), 민스키(Minsky 1974), 생크와 아벨슨(Schank and Abelson 1977) 등에 의해 제안되어 발전해 왔다(자세한 논의는 Ziem 2008, Busse 2012 참조). 틀 개념의 핵심은 우리가 어떤 텍스트를 접할 때 특정 단어, 구문 등의 텍스트 요소가 우리의 장기기억으로부터 특정한 유형의 어떤 '장면(scene)'을 호출한다는 것이다. 이 장면은 상호 구조적으로 연관된 지식 요소들의 집합체인 틀이 되어서, 텍스트에서 계속되는 다른 단어들과 문장을 이해하고 해석해 나가는 데 길잡이가 된다. 즉, 틀은 어떤 텍스트 또는 텍스트 부분을 이해할 때 관건이 되는 지식 틀이라고 할 수 있다. 예컨대 상황과 맥락이 제거된 상태의 두 문장 "나는 아버지보다 두 살 많다"와 "아버지는 나보다 두 살 많다"가 주어져 있다고 하자. 이때 단순히 앞 문장은 논리적으로 거짓이고, 뒷문장은 세상 지식에 맞지 않은 것이라고 해석할 수는 없다. 구체적인 배경맥락과 특정 틀이 주어질 때 참이 될 수 있는 문장들이기 때문이다. 예를 들면, 화자의 어머니가 화자보다 어린 남자와 재혼을 한 틀의 관점에서는 앞 문장은 적절한 해석이 가능하다. 뒷문장은 인간세계의 틀에서는 생물학적으로 말이 되지 않지만, 동화 속의 동물세계라는 설정이 주어진다면 적합한 해석이 가능할 것이다.

우스갯소리의 경우에도 이러한 틀 설정은 유머 효과와 관련한 부조

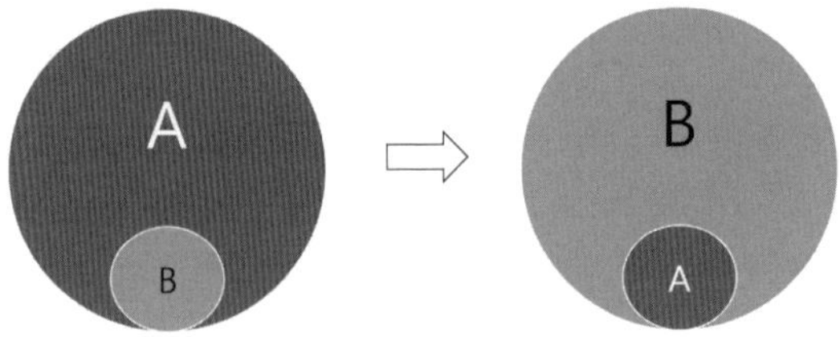

그림 6. 틀 바꾸기

화-해소 메커니즘에서 중요한 역할을 한다. 그동안 유머 관련 문헌에서 가장 대표적인 부조화-해소 메커니즘 유형으로 거론되어 온 것은 '틀 바꾸기' 유형이라고 부를 수 있는 것이다. 이 유형의 우스갯소리에서는 주어진 맥락에서 가장 우세한, '기본값'이라 할 만한 틀 A가 구축되어 내용이 진행되다가 펀치라인에 이르러 그 틀에 모순과 부조화가 생기고, 이를 해소하기 위해 다른 틀 B로 바꾸는 것이다. 이때 틀 B는 처음에는 알 수 없었지만 텍스트의 구축부에 이미 잠재되어 있었던 것이라고 할 수 있다. 이것을 나타낸 그림 6이 암시하듯이, 처음에 우세했던 틀 A는 교체 후 배후로 밀려나지만 그 영향력이 완전히 사라지는 것은 아니다.

이것을 라스킨(Raskin 1985)이 제시했던 우스갯얘기를 가지고 다시 설명해 보자.

> "Is the doctor at home?" the patient asked in his bronchial whisper. "No," the doctor's young and pretty wife whispered in reply. "Come right in."
> ("의사 선생님, 댁에 계세요?" 하고 환자가 기관지에 탈 난 듯한 쉰 목소리로 물었다. "아뇨." 하고 의사의 젊고 예쁜 부인이 속삭이는 듯한 목소리로 대답했다. "어서 들어와요.")

이 우스갯얘기에서는 처음에는 맥락의 자연스런 흐름에 따라 [의사-환자 관계]의 틀(A)이 구축된다. 그러나 펀치라인("Come right in.")에서 부조화가 발생하고, 이 부조화를 해소하기 위하여 틀 A를 그동안 텍스트에 잠재되어 있던(다시 의식해서 따져보면 가능한) 새로운 틀, 곧 [연인관계/외도]의 틀(B)로 바꾸게 된다.

틀 A에서 틀 B로 바뀌는 것은 일종의 단절이다. 아타르도(Attardo 1994)는 텍스트에서 이러한 단절을 촉발하는 요소를 일컬어 '단절자(disjunctor)'라고 한다. 위의 우스갯얘기에서는 "Come right in."이라는 펀치라인이 단절자 역할을 한다. 그런데 틀 A에서 틀 B로 바뀌더라도 그 근거가 있어야 한다. 말하자면 틀 B가 가시적으로 드러나지는 않았지만 처음부터 가능했던 틀이라는 것을 말해 주는 연결요소가 텍스트의 구축부에 마련되어 있어야 한다. 이것을 일컬어 '연결자(connector)'라 한다. 위의 우스갯얘기에서 연결자는 "in his whisper", "young and pretty", "whispered"가 되어 줄 것이다. 이 연결자는 보통 중의성을 띠는 경우가 많다(예컨대, 속삭임은 목에 탈이 생겨서 속삭임 같은 목소리를 내는 경우일 수도 있고 연인의 속삭임일 수도 있다).

그러나 이러한 '틀 바꾸기' 유형, 특히 라스킨의 예와 같은 유형은 우스갯얘기에서는 많이 논의되어 온 것에 비해 실제로는 그렇게 흔하게 출현하는 것 같지는 않다. 우스갯얘기의 수용자에게 특정한 틀에 따른 해석을 유도해야 하고, 실제 이야기 세계의 틀은 그것과 다르다는 것을 갑작스럽게 드러내기 위해서는 고도의 전략이 필요하기 때문일 것이다.

교양 있기로 소문난 남자가 새벽 4시에 전화 벨소리에 잠이 깼다.

"당신네 개가 짖는 소리 때문에 한잠도 못 잤소."

전화를 건 사람이 화난 목소리로 말했다.

"전화해 주셔서 감사합니다."

교양 있는 남자는 정중하게 인사한 뒤 상대의 이름과 전화번호를 물었다.

다음 날 새벽 4시에 교양 있는 남자는 그 이웃에게 교양 있게 전화를 걸어 잠을 깨우고는 이렇게 말했다.

"선생님, 우리 집엔 개가 없답니다."

위의 우스갯얘기는 [교양 있는 사람의 교양 있는 전화 매너]의 틀을 수용자에게 유도한다. 그러나 마지막 문장인 펀치라인이 그 틀을 파기하고 [교양 없는 사람의 교양 없는 보복]의 틀을 찾게 한다. 구축부에서 [교양]의 틀을 유지하려고 많이 애쓴 부분이 있지만 다소 억지스런 부분이 있다. 특히, "교양 있게 전화를 걸어 잠을 깨우고는"이라는 부분이 그렇다. 이 부분은 사실 [보복]의 틀과 연결되게 하는 연결자는 역할을 하는 것이다.

그런데 틀 바꾸기 유형에 속하는 우스갯얘기의 상당수는 특정 등장인물과 이야기 수용자가 공유하는 틀과 다른 등장인물이 실제로 세우는 틀 사이의 전환을 보여주는 다음과 같은 예들이다.

안개가 심하게 낀 밤에 조심스럽게 항해하던 선장이 앞쪽에서 이상한 불빛이 비치는 것을 감지했다. 선장은 충돌을 예상하고 신호를 보냈다.

- 방향을 20도 바꾸시오!

그러자 그쪽에서 신호가 왔다.

- 당신들이 바꾸시오!

기분이 상한 선장은 다시 신호를 하였다.

- 난 이 배의 선장이다!

잠시 후 그쪽에서도 당당하게 신호가 왔다.

- 난 이등항해사다!

이에 화가 난 선장은 더욱 강경한 태도를 보였다.

- 이 배는 전투함이다. 당장 항로를 바꿔라!

그쪽에서 바로 신호가 왔다.

- 여긴 등대다!

위의 우스갯얘기에서는 수용자가 세우는 틀과 이야기세계 속의 특정 인물(선장)이 세우는 틀이 일치한다. 곧 이 틀은 [선박들 사이의 교신]이며, 펀치라인에서 [선박 대 등대 간의 교신] 틀로의 전환이 일어난다. 여기서는 명확한 연결자가 있는 것은 아니다. 다만 "안개가 심하게 낀 밤"이라는 상황이 제시됨으로써 두 가지 틀이 혼동될 수 있는 가능성을 시사하고 있을 뿐이다.

카바레에서 섹시한 중년의 여자가 혼자서 술을 홀짝거리는 모습을 본 제비족이 슬그머니 다가서더니 은근한 목소리로 유혹했다.

"안녕하세요, 좋은 밤입니다. 제 생각에는 우리가 같은 목적으로 여기에 있는 것 같은데..."

섹시한 중년의 여자가 잠깐 뜸을 들이더니 대꾸했다.

"그런 것 같군요!"

제비족이 속으로 음흉한 미소를 지으며 그녀의 옆자리에 앉자 여자가 갑자기 벌떡 일어나 말했다.

"그럼 서로 뜸들이지 말고 각자 돈 많은 애들이나 찾아보죠."

이 우스갯얘기에서도 수용자가 세우는 틀과 이야기세계 속의 인물(제비족)이 세우는 틀이 일치한다. 즉, 수용자와 제비족은 [제비족의 여자 유혹]이라는 틀을 공유한다. 그러나 중년 여자는 [제비족/꽃뱀의 유혹 작업]의 틀을 갖는다. [제비족의 여자 유혹]의 틀은 펀치라인("각자 돈 많은 애들이나 찾아보죠)에서 깨지고 [제비족/꽃뱀의 작업]의 틀로 바뀐다. 여기서 연결자는 맥락에 따라 다르게 해석될 수 있는 모호한 "같은 목적"이 된다.

틀 바꾸기는 우스갯얘기 외에도 우스개 수수께끼와 한줄 우스개에서도 확인할 수 있다.

[우스개 수수께끼]

질문: 사람의 몸에서 상황에 따라 보통 때의 여섯 배까지 팽창할 수 있는 곳은?

대답: 동공

[한줄 우스개]

남편이 아내를 위해 승용차 문을 열어주는 경우가 있는데 자동차가 새로 뽑은 차일 때나 아내가 새로 얻은 여자일 때지.

위의 우스개 수수께끼는 수용자가 보통 디폴트 값으로 설정하는 성적인 틀을 배반하고 일상적인, 진지한 틀로 전환하는 데서 우스움이 야기되는 경우라고 할 수 있다. 반대로, 앞에서 우스개 수수께끼 예 가운데, 가짜 휘발유를 만들 때 가장 많이 들어가는 것은 무엇인지 묻는 질문은 화용론적으로는 진짜 휘발유를 제외하고 여기에 첨가되는 성분들 중에서 가장 많이 들어가는 것을 묻는 질문으로 이해하게 된다. 그런데 이러한 화용적 해석의 틀을 어기고 말 그대로의 해석의 틀을 취함으로써 부조화가 야기되고 웃기게 되는 것이다.

한줄 우스개의 예에서도 여성에게 자동차 문을 열어주는 남성의 매너 틀(디폴트 해석)이 기대되는 상황인데, 그 틀이 취소되고 문맥상 현저하지 않은 다른 틀이 취해짐으로써 부조화가 야기되고 유머 효과가 발생한다.

4.2.2. 틀 고치기

앞의 '틀 바꾸기' 유형이 한 틀에서 다른 틀로 전환되는 것이라면, '틀 고치기' 유형은 어떤 틀이 구축되어 지속되다가 그 틀을 파기하지 않고 일부 수정할 필요가 생기는 것을 말한다. 텍스트 수용자가 펀치라인에 이르기까지는 성상적인 해석 경로를 따라가면서 특정 틀을 구축해 나가다가 펀치라인에 이르러 갑자기 해석 경로가 막히게 된다. 이때 인지하게 되는 부조화는 새로운 틀을 요구하는 것이 아니라 기존의 틀 안에서 새로운 해석 경로가 탐색되고 기존 틀에 수정이 가해짐으로써 해소된다. 구축된 틀이 펀치라인에서 부조화를 겪게 되면, 관점 추가나 유사성 인식에 의한 범주 확대를 통해 그 틀의 외연을 이루는 요소나 구조를 변경하여 기존의 틀을 고침으로써 부조화를 해소하게 되는 것이다. 물론 이때의 범주 확대는 대개 논리적인 인식에 따른 것이라기보다는 부조리하고 엉뚱한 추론에 의한 것이다(2.1.3의 쇼펜하우어도 참조).

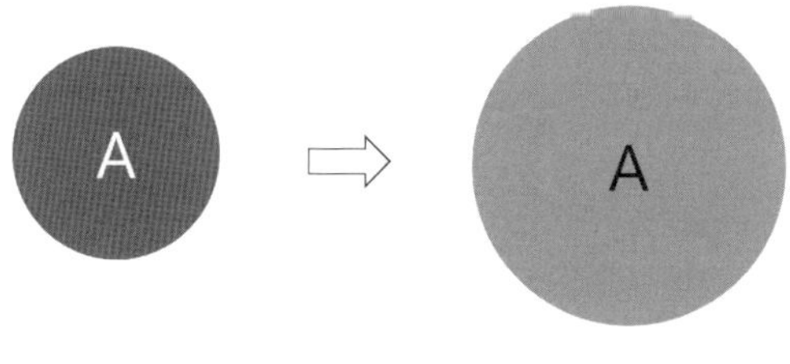

그림 7. 틀 고치기

다음과 같은 우스갯얘기를 보자.

33세의 구직자가 일이 너무 풀리지 않아 인터넷 점을 봤더니 '큰 돈덩어리가 한꺼번에 다가올 운세'라고 한다.
너무 좋아서 더 자세히 알아보기 위해 점쟁이를 찾아가 물었다.
"로또를 사는 게 좋을 까요? 아니면 경륜장에 가는 게 좋을까요."
그러자 점쟁이가 대답했다.
"횡단보도 건널 때 현금수송차량 조심하세요!"

이 우스갯얘기에서는 [운세 보기] 틀이 그대로 유지되면서 세부 내용과 관점이 바뀌면서 기존의 틀이 수정된다. 정상적인 [운세 보기] 틀에서 "큰 돈덩어리가 한꺼번에 다가올 운세"는 일확천금의 횡재수를 말한다. 그러나 마지막 문장인 펀치라인은 그 틀과 조화를 이루지 못하는 부조화(교통사고를 당할 수 있는 운세)를 야기한다. 그러나 "큰 돈덩어리가 한꺼번에 다가올 운세"는 비유적인 표현의 자구적(字句的, literal) 해석을 수용함으로써 부조화가 해소된다. "큰 돈덩어리"는 "현금수송차량"의 환유(내용물이 용기를 대신함)이며, "다가옴"은 말 그대로 물리적으로 다가옴으로 재해석된다.

사오정이 하루에 500원씩을 버는 방법을 초등학교 5학년 아들에게 가르치고 있었다.
"학교에서 집까지 버스가 달릴 때, 버스를 따라 뛰면 매일 500원씩을 모을 수 있을 거다."
사오정의 말을 들은 아들은 곰곰이 생각한 뒤에 말했다.
"택시를 따라 뛰면 매일 3,000원씩 모을 수 있겠네요!"

이 우스갯얘기는 사오정이라는 인물의 등장으로 처음부터 '바보스런' 틀을 예상하게 한다. 방과 후 귀가할 때 교통비를 아끼면 결국 돈을 벌게 된다는 논리는 맞지만, 버스를 따라 뛰는 것은 이상하다. 그래서 택시를 따라 뛰게 되면, 택시비만큼의 돈을 아끼게/벌게 된다는 이상한 논리로 확대되는 것이다. 이 우스갯얘기의 또 다른 특징은 우스갯얘기의 일반적인 구조(구축부–펀치라인)와는 좀 다르게, 구축부 내에서도 우스움을 불러일으키는 장소가 있는데, 첫 번째 대사("학교에서 집까지 버스가 달릴 때, 버스를 따라 뛰면 매일 500원씩을 모을 수 있을 거다.") 이것은 '펀치라인(punch line)'과 구분하여 '잽라인(jab line)'이라 할 수 있다. 이 예는 우스갯얘기에서도 잽라인이 존재할 수 있다는 차코나(Tsakona 2003)의 관찰을 입증해 주는 것으로 보인다. 이렇게 펀치라인 외에도 구축부에 잽 라인이 있는 우스갯얘기의 예를하나 더 들어 보면 다음과 같다.

> 바보 사나이가 항아리를 사려고 옹기점엘 갔다.
>
> 사나이는 항아리를 엎어놓고 파는 줄을 모르고 이렇게 말했다.
>
> "무슨 항아리들이 모두 주둥이가 없어? 어느 바보가 이렇게 만들었지?"
>
> 바보 사나이는 항아리를 하나씩 번쩍 들어 뒤집어 보고는 투덜거렸다.
>
> "어라? 밑도 빠졌네…."

범주와 관련한 오류, 범주의 엉뚱한, 바보 같은 재규정을 통한 '틀 고치기'는 우스갯얘기에서 자주 볼 수 있다.

> 동네 양로원에서 늙은 사오정이 옆에 있는 할아버지에게 물었다.
>
> 사오정: "자네 올해 나이가 몇인가?"
>
> 할아버지: "일흔 다섯이올시다."

사오정: "나는 올해 일흔 여섯인데, 올해만 지나면 자네랑 나랑 동갑이 되겠구먼!"

위의 우스갯얘기에서는 '동갑'의 개념이 우스꽝스럽게 재규정되고 있다. 동갑은 A와 B가 같은 시점에 나이가 같은 것을 말하는데, 사오정은 A의 현재 나이와 B의 미래 나이가 같은 것도 '동갑'으로 보고 있는 것이다.

우스개 수수께끼에서는 이 장르의 특성상 '틀 고치기' 유형을 확인하기 쉽지는 않지만 다음과 같은 예를 들 수 있을 것이다.

(a) 질문: 용서를 받기 위해서는 무엇을 해야 하는가?
대답: 먼저 죄를 지어야 한다.
(b) 질문: 원숭이도 나무에서 떨어질 때가 있는데, 그때가 언제지?
대답: 죽었을 때.

(a)와 (b)는 화용론적으로 전제가 되어 있거나 제외되어 있는 것을 범주에 포함시키는 것을 보여주고 있다. 한줄 우스개 가운데 '틀 고치기' 유형에 속하는 예는 다음을 들 수 있다.

(a) 술을 마시고 밤늦게 집에 들어와 침대에 누우니 마누라가 "당신이에요?" 하고 묻는다. 몰라서 묻는 걸까, 아니면 딴 놈이 있는 걸까?
(b) 이사를 해야 하는데, 집주인이 3년 전 집 상태로 원상 복구해 놓고 가라고 한다. 그 많던 바퀴벌레는 어디서 구하지?

(a)에서는 화용론적으로 해석되어야 할 질문("당신이에요?")을 의미론적인(자구적인) 해석을 함으로써 범주의 외연을 왜곡시킨다. (b)에서도 주어진 상황에서 말하는 "원상복구"를 왜곡하여 자구적인 의

미로 받아들인다.

4.2.3. 틀 밝히기

'틀 밝히기' 유형에서는 먼저 텍스트가 전개되면서 어떤 특정한 틀에 따른 해석이 명확하게 구축되지 않음으로써 상황이 아리송하고 혼미하게 여겨진다. 이렇게 해서 이미 펀치라인에 도달하기 전에 부조화가 발생한다. 이 점은 앞의 두 유형이 펀치라인에서 부조화를 발생시키는 것과 대조를 이룬다. 말하자면, '틀 밝히기'에서는 펀치라인에 앞서서 수수께끼 같은 상황이 발생하는데, 이러한 불확실한 틀이 '밝아진다'는 것은 펀치라인을 만나면서 흐릿했던 것이 밝아지고 모호함이 해결됨으로써 부조화가 해소된다는 의미이다.

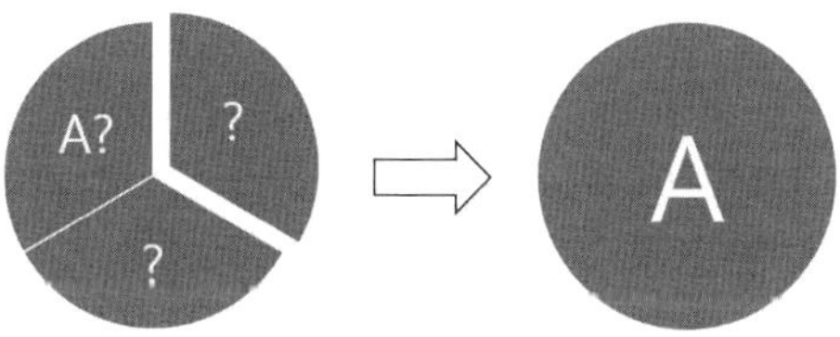

그림 8. 틀 밝히기

틀 밝히기 유형의 우스갯얘기의 예로는 다음을 들 수 있다.

세 끼 밥보다 도박을 더 좋아하는 한 남자가 있었다. 그러던 그가 번번이 다 털려 전답은 고사하고 집까지 날리고 보니 남은 것은 오직 마누라뿐이었다. 그날 밤에도 빈 털털이가 되자 상대방에게 애걸했다.

"여보게, 내 마누라를 좀 사갈 수 없겠나? 비싼 값은 요구하지 않겠네. 부탁하네. 돈 좀 빌려주게나."

"그건 안 될 말이지."

"자네 결코 손해 볼 일은 아니야. 내 마누라는 진짜 처녀니까."

"허, 실없는 소리. 결혼한 지 일 년이 넘었는데 처녀라니."

"정말일세. 내가 장가든 이후 하루라도 이곳을 비운 일이 있나? 난 단 하룻밤도 집에서 잔 일이 없었네."

이 이야기는 펀치라인("난 단 하룻밤도 집에서 잔 일이 없었네.")에 도달하기 전에 부조화가 이미 발생한다. 즉, 결혼한 지 일 년이 넘은 유부녀를 처녀라고 주장하는 것이 아리송한 것이다. 펀치라인은 원래 부조화를 발생시키면서 동시에 해소시키는 계기가 되는 곳인데, 이 유형에서는 앞의 부조화를 해소시키는 기능을 한다.

우스개 수수께끼의 경우를 살펴보자. '틀 바꾸기' 유형을 제외하면 대다수의 우스개 수수께끼는 대체로 '틀 밝히기' 유형에 속한다고 볼 수 있다.

(a) 질문: 상장은 자동차와 같다. 왜 그렇지?

대답: 타면 기분이 좋으니까.

(b) 질문: 돼지띠 동갑나기 부부가 사는 집을 무엇이라 하나?

대답: 돼지우리.

위의 예 (a)에서는 상장과 자동차를 동일 범주로 볼 수 없고 또 비슷한 범주로 보기도 어렵다. 이 점에서 부조화가 발생한다고 볼 수 있다. 그런데 펀치라인인 대답에서는 기대했던 유사성이 언급되는 것이 아니라, 동일성으로 억지 해석해야 부조화 해소가 되는 상황이 발생한다(상장과 자동차는 모두 '타는 것'이다). 예 (b)에서는 질문 자체가 뭔가 예상할 수도 없게 대답하기 어려운 이상한 질문이라고 할 수 있다. 대답에 의한 부조화-해소는 돼지띠의 사람은 돼지의 범주에 들어간다는 잘못된 추론에 근거한다. 요컨대, 틀 밝히기 유형의 우스개 수수께끼는 질문 자체가 이미 난해해서 합리적인 대답을 기대하기 어렵게 만드는 특성이 있다.

그리고 한줄 우스개의 경우에도 구축부에서의 아리송함과 펀치라인에서의 부조화 해소를 위주로 하는 경우에는 틀 밝히기 유형으로 볼 수 있다.

(a) 어제 구경한 볼쇼이 발레단은 정말 친절한 발레단이야. 옆에 앉은 부모님이 깨실까 봐 발끝으로만 춤을 추더라고.

(b) 김 대리는 일을 너무 잘해 두 달 유급휴가 제안을 받았는데 거절을 했어. 휴가 중에도 일이 잘 진행되어 자기가 필요 없는 사람이 될까봐서래.

(c) 미술 시간에 좋아하는 음식을 그리라고 해서 도화지 전체를 검은 색으로 칠했더니 야단을 맞았다. 내가 제일 좋아 음식은 김인데….

이 한줄 우스개의 구축부는 수용자에게 왜 그런지에 대한 궁금증을 불러일으킨다. 뜬금없거나 통상의 예나 상식에 맞지 않는다고 판단되기 때문이다. 그 이유는 펀치라인에서 예기치 못한 것으로서 제시된다.

4.2.4. 틀 망치기

'틀 망치기' 유형의 우스갯소리에서는 구축부에서 구축된 틀에 따라 해석이 진행되다가 펀치라인에서 그 틀을 잘못해서 망치는, 곧 그 틀이 일반적으로 규정하는 원칙을 의도치 않게 위반하는 일탈이 이루어진다. 이렇게 부조화가 야기되고, 이 부조화를 설명할 국지적 논리가 찾아짐으로써 부조화 해소가 이루어지고 유머 효과가 발생한다.

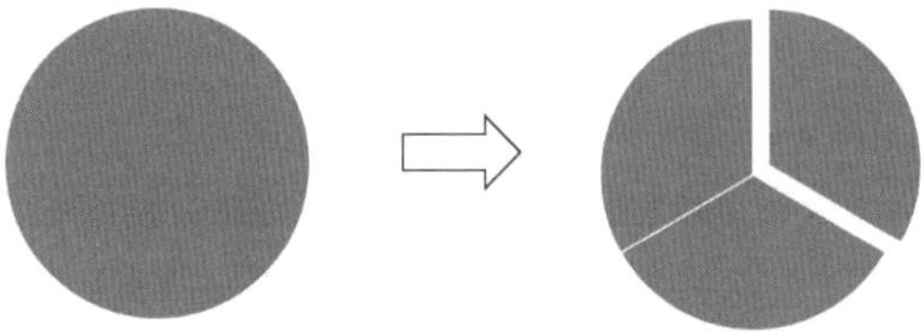

그림 9. 틀 망치기

틀 망치기 유형에 속하는 것으로 보이는 우스갯얘기들은 대체로 실수, 잘못된 판단, 논리적 모순 등으로 기존의 틀이 의도치 않게 비틀어지고 망가지는 상황이 발생하는 것을 보여주는 경우가 많다.

> 너무나도 삶이 팍팍한 한 러시아인이 자살하기로 마음을 먹었다. 어느 날 저녁, 그는 빵을 한 봉지 옆구리에 끼고 시골길을 걸었다. 마침내 철로가 나타나자 그는 그 위에 누웠다.
> 얼마 후 한 농부가 지나가다가 이 광경을 보고 물었다.
> "여보쇼, 거기 철로 위에 누워 뭘 하는 거요?"
> "자살하려고요."
> "그런데 그 빵은 뭐요?"
> "이거요? 이 지방에서 기차가 오는 걸 기다리다가는 굶어죽는다고 해서요."

이 우스갯얘기는 얼핏 보면 '틀 밝히기'가 작용하는 것으로도 볼 수 있을 것이다. 자살하러 가는 사람이 빵을 가지고 가는 것이 이상하다는 생각이 들 수 있으므로 이미 구축부에서 부조화가 야기되고, 펀치라인에서 부조화 해소가 이루어진다고 볼 수 있기 때문이다. 그러나 이 우스갯얘기에서는 펀치라인을 통해서 그러한 의문이 해결되어 그대로 끝나는 것이 아니다. 여기서는 자살의 틀을 교란시키는, 곧 자살과 삶의 의지가 충동하는 모순이 발생하는 것이다. 다음 우스갯얘기들은 전형적인 '틀 망치기' 유형을 보여준다.

(a) 어느 노인이 아들네 집에 가느라 차를 몰고 고속도로를 달리고 있는데, 아들에게서 전화가 왔다.
"아버지, 지금 고속도로죠?"
"그래. 그런데 왜?"
"지금 뉴스에 나왔는데, 어떤 차 한 대가 고속도로에서 역주행하고 있대요. 그러니까 조심하시라고요!"
그러자 노인이 대답했다.
"차 한 대가 아니라 온통 미친 놈 천지다. 지금 수백 대가 역주행하고 있어!"

(b) 어떤 가족이 승용차를 몰고 고속도로를 달리는데 경찰이 차를 세웠다.
운전자가 경찰에게 물었다.
"제가 무슨 잘못이라도 했나요?"
경찰이 웃음을 띠며 말했다.
"아닙니다. 선생님께서 안전하게 운전을 하셔서 '이 달의 안전운전자'로 뽑히셨습니다. 축하합니다. 상금이 500만 원인데 어디에 쓰실 생각이십니까?"
"감사합니다. 우선 운전면허를 따는 데 쓰겠습니다."
그러자 옆자리의 여자가 황급히 말을 잘랐다.
"아, 신경 쓰지 마세요. 저희 남편이 술 마시면 농담을 잘해서요."

(a)에서는 규칙에 따른 주행의 틀이 갑자기 상식을 벗어나 깨지는 것을 보이고 있는 일종의 '관점 전도(轉倒)'로 인한 오류를 보여주고 있다. (b)에서도 안전운전의 틀을 의도치 않게 깨고 그것을 교정하려는 시도가 다시 그 틀을 더 망치게 되는 점입가경의 형식을 취하고 있다.

우스개 수수께끼 가운데 틀 망치기 유형으로 간주할 수 있는 것들은 대체로 말장난에 토대하여 구성되는 경우가 많다.

(a) 질문: 어부들이 제일 싫어하는 가수는?
   대답: 배철수.
(b) 질문: 포경수술의 순 우리말은?
   대답: 아주까리.
(c) 질문: 우리나라 최고의 술꾼 이름은?
   대답: 노상술.
(d) 질문: 흥부가 형수님한테 싸대기를 맞은 이유는?
   대답: "형수님, 저 흥분데요."라고 말해서.

이 우스개 수수께끼들에서는 질문은 비록 대답하기 힘든 점이 있다 하더라도 비교적 정상적인, 있음직한 대답이 기대될 수 있지만, 실제 대답은 그 틀을 깨고 언어 사용조건을 위반하는 전략을 취한다.

한줄 우스개 가운데 틀 망치기 유형에 속하는 예들은 다음과 같다.

(a) 교회에서 열심히 기도를 마치고 가게로 온 점원이 손님에게 "주님, 무엇을 도와드릴까요?"라고 한다.
(b) 몽고반점이 뭐냐고 물으니 북경반점 옆에 있는 중국집 이름이란다.
(c) 첨성대가 뭐냐고 물으니 경주에 있는 대학교 이름이란다.
(d) 네 마리의 고양이가 괴물이 되면 포켓몬스터라고 부른다.
(e) 천고마비란 하늘에 고약한 짓을 하면 온몸이 마비된다는 뜻이다.
(f) 구혼에 성공하면 신혼이 된다.

'틀 망치기'는 구축부에서 설정된 틀이 펀치라인에 의해 다른 틀로 대체되는 것('틀 바꾸기')은 아니며, 틀의 범주나 영역을 수정하는 것('틀 고치기')도 아니며, 모호한 틀을 명확하게 완성하는 것('틀 밝히기')도 아니다. 틀 망치기는 기존 틀이 망가지는 일종의 사고가 일어나는 것으로 해석할 수 있겠다.

4.2.5. 틀 겹치기

부조화-해소의 마지막 유형으로 들고자 하는 것은 '틀 겹치기'라 부를 수 있는 것이다. 이 유형에서는 우스갯소리의 구축부에서 특정한 틀이 구축되고 이 틀에 따라 해석이 진행되다가 펀치라인에서 새로운 틀이 요구된다. 하지만 이때 구축부의 틀은 파기되지 않고 펀치라인의 틀과 공존하는 양상을 보이게 된다. 여기서 부조화는 두 틀이 겹치는 데서 발생하고, 부조화의 해소는 그 겹침의 동기를 찾을 수 있는 추론이 가능함으로써 이루어진다.

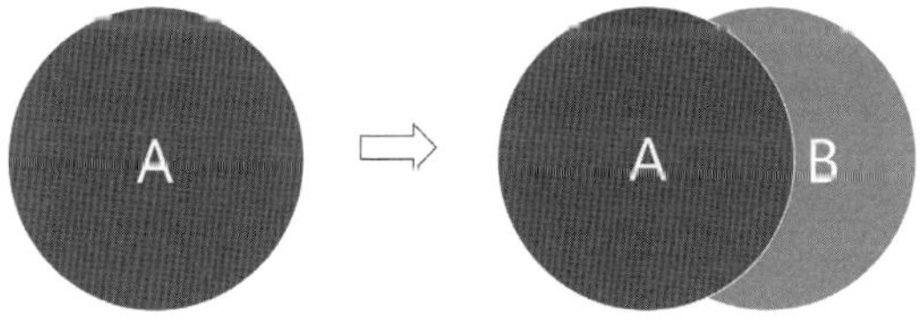

그림 10. 틀 겹치기

다음과 같은 우스갯얘기를 보자.

유난히 개고기를 좋아하는 다섯 명이 보신탕 잘한다는 집에 갔다.

주문받는 아줌마가 사람을 하나씩 세면서 물었다.

"하나 둘 셋 … 전부 다 개죠?"

그러자 다섯 명이 모두 고개를 끄덕이며 "네!" 하고 대답했다.

그림 11. 전경-배경 역전

이 이야기는 유머 모드가 아니라 일상 모드에서 진행되는 이야기의 한 장면이었다면 우스울 일이 없겠지만, 유머 텍스트라는 점을 염두에 두게 되면 웃기게 된다. 이 이야기는 사실상 "전부 다 개죠?"가 펀치라인 역할을 한다(그 뒷문장은 그것을 확실하게 뒷받침해 주는 역할을 할 뿐이다). 여기서 핵심은 사람을 일컬어 개라고 하는 것은 욕설이 되므로, 이 해석의 틀이 배후에 겹치게 됨으로써 부조화가 발생한다는 것이다. 곧 주문의 틀을 전경(figure)으로 하고 욕설의 틀을 배경(ground)으로 하는 겹치는 모양새가 형성되는 것이다. 이 전경과 배경은 역전이 될 수 있는 성질이어서 유머 효과가 커지게 된다. 이 양상은 그림 11과 같은 전경-배경 역전이 주는 시각 우스개의 양상과 유사하다고 볼 수 있다. 이 그림에서는 젊은 여자와 노파의 이미지가 번갈아 가며 겹쳐 보인다.

'틀 겹치기'는 아래 예와 같이 한줄 우스개로도 실현될 수 있을 것이다.

감자튀김을 먹으려고 하는데, "이거 쳐 먹어!" 하고 동생이 케첩을 가져온다.

그러나 '틀 겹치기' 유형은 유행 우스갯소리에서는 흔히 찾아볼 수 있는 것 같지는 않다. 틀을 겹치는 것보다는 펀치라인을 통해 틀에 변동을 유발하는 것(틀 바꾸기/고치기/밝히기/망치기)이 더 부조화를 명확하게 유발하기 때문일 것이다. 이에 관한 논의를 진전시키기 위해서는 좀 더 많은 코퍼스 관찰이 필요할 것으로 보인다.

사실 '틀 겹치기' 부조화-해소 유형은 우스갯소리보다는 우스개 구성체에서 더 잘 실현될 수 있는 것으로 보인다. 우스개 구성체는 언어 우스개의 가장 짧은 실현 단위로 간주되므로 유머 효과 유발에 필요한 부조화 일으키기에서는 구축부-펀치라인의 2분 구조보다는 비유나 말장난과 같은 '틀 겹치기' 장치가 더 효과적일 것이기 때문이다. 이와 관련한 문제는 이 책의 나머지 두 장에서 집중적으로 다룬다.

V 비유와 유머

5

비유와 유머

비유와 유머는 일반적으로 서로 다른 범주로 여겨지는 현상이다. 그러나 이 둘은 서로 비슷한 데가 있으며, 서로 기대어 함께 작용하는 경우가 있다. 그래서 글 쓰는 이에게는 비유와 유머가 같은 일을 수행하는 '무기'가 되기도 하는데, 이 점과 관련하여 리영희는 "속에서 타는 분노를 어누르면서 [...] 상대방을 공격하는 세련된 문장 작법"에는 "정공법"도 있지만 "비유, 은유, 풍자, 해학, 익살"도 있다고 말한 바 있다(리영희·임헌영 2005: 729). 이 장에서는 직유와 은유를 '비유'로 묶고, '해학, 익살'을 '유머'로 묶어서 이 양자의 의존관계와 상호작용에 대해 논의해 보고자 한다.

원래 수사학에서 말하는 '비유(tropus)'는 그리스어 'τρόπος'에서 유래하는데, 이 말의 어원적 의미는 '꺾어지기'이다. 즉, 비유는 어떤 말이 어떤 사물을 지칭하려고 할 때 원래 정해진 지칭 방향을 '꺾어서' 다른 사물을 가리키게 되는 현상을 말한다. 다시 말해, 비유는 '말해진 것'과 '뜻해진 것' 사이에 불일치가 있는 현상인 것이다. 이러한 비유는 은유, 직유, 반어, 알레고리, 환유, 제유, 과장, 과소 등 포괄하는 범위가 매우 넓은 현상이다(강병창·안혁 2013: 7). 이 책에서 이해하는 '비유'는 흔히 통용되는 대로 은유, 직유, 환유를 한데 묶는 상위개념으로 사용하고자 하며, 이 세 가지 비유법을 중심으로 유머와의 상호작용을 살펴보겠다.

넓게 볼 때 비유는 한 개념영역에 속하는 말을 통해 다른 개념역역에 속하는 일을 나타내는 것이라면, 유머는 한 개념영역의 틀(스크립트/시나리오)과 다른 개념영역의 틀이 겹치고 대립하다가 그 부조화가 해소되는 것이라고 볼 수 있다. 그래서 이 두 언어현상에서는 화자의 '말 그대로'의 진술과 실제 의미/의도 사이에 발생하는 공백을 청자가 적절히 메워야 한다. 비유와 유머는 이러한 의미에서 언어 이해의 인지적 구성 측면이 특별히 중요하게 부각되는 본보기가 된다고 할 수 있다.

이 장에서는 이러한 부조화 발생 및 해소의 기제가 우스개 구성체의 의미구성에 작동하여 유머 효과를 어떻게 발생시키는지 비유에 의한 부조화를 중심으로 살펴보기로 한다. 어떤 구성체(조어, 성구, 구문)가 '유머러스하다', '웃긴다', '익살스럽다', 또는 '코믹하다'는 판단은 사실상 매우 주관적이다. 그래서 우스개 구성체에 대한 상호주관적인 판단이 어느 정도 확보되어 있는 사례를 선택하여 예로 삼고자 하는데, 한국어, 영어, 독일어 자료가 중심이 된다. 여기서 한국어의 예는 매우 제한적으로 이용되는데, 이에 대한 판단을 명시한 사전 등이 없기 때문이다. 반면에 영어와 독일어의 경우에는 일부 사전(Cambridge 2008; Duden-Oxford 2005; Duden-GWDS 1995, 1999, 2012; Langenscheidt 1998 등)[1]에 어떤 어휘 또는 표현에

1) 참고문헌의 '출판사전'과 '온라인 사전' 부분 참조.

‘humorous’ 또는 ‘humorvoll/humorig/scherzhaft’와 같은 표시가 있다. 이것을 토대로 하여 세 언어의 우스개 구성체를 살펴보면서 비유와 유머의 상호작용을 논의해 본다.

5.1. 은유와 우스개 구성체

5.1.1. 은유와 유머

인지언어학의 ‘개념은유 이론(Conceptual Metaphor Theory)’(Lakoff & Johnson 1980, 1999)에 따르면, 은유의 문제는 단순히 시나 문학에서 논의되는 언어적인 장식의 문제가 아니라, 한 경험영역을 다른 경험영역을 통해 이해하려는 사고방식의 문제라는 점을 강조한다. 은유의 본질은 “한 종류의 사물을 다른 종류의 사물의 관점에서 이해하고 경험하는 것”(Lakoff & Johnson 1980: 5)이 된다. 본질적으로 인지적 전략/과정이 되는 은유는 일상언어 자체에 깊이 배어 있는 보편성을 갖는다. 일상의 언어사용에 나타나는 은유는, 개념은유 이론에서 주장하듯이, 추상적이고 복잡한 개념을 구체적인 친숙한 다른 개념을 통해 설명하려는 진지한 목적으로 주로 사용된다. 개념은유(conceptual metaphor)는 일반적으로 구체적인 개념영역(conceptual domain)인 ‘원천영역(source domain)’으로부터 일반적으로 추상적인 개념영역인 ‘목표영역(target domain)’에 대하여 이루어지는 정신적 ‘매핑(寫像, mapping)’으로 이해된다. 우리가 흔히 접하는 ‘은유적 언어표현(metaphorical expression)’은 이러한 개념은유가 언어적 표층에서 구체적으로 실현된 것이다. 예컨대, [분노는 불이다]와 같은 개념은유[2]는 “분노가 타오르다”, “화를 부채질하다”, “눈에 불을

2) 개념은유는 은유적 언어표현과 구분하기 위해 보통 특별한 표시를 한다. 영어권에서는 주로 대문자로 표기하며, 한국어로 된 논의에서는 ‘[...]’나 ‘<...>’

켜다", "속에 불을 지르다"와 같은 다양한 언어표현으로 실현될 수 있는 것이다. [기쁨은 그릇 속 액체이다] 개념은유는 "기쁨이 차오르다", "기쁨이 넘치다", "기쁨에 빠지다", "기쁨에 젖다"와 같은 언어적 실현을 보인다(강병창 2012, 2014c).

은유는 전통적으로, 개념은유 이론에서도 주장하듯이, 보통은 구체적인 친숙한 개념을 통해 추상적이고 복잡한 개념을 설명/명명하려는 '진지한' 목적에서 사용되는 것으로 여겨져 왔을 뿐, 은유에는 유머와 관련되는 유희 기능도 있는 것에는 별로 주목하지 못했다. 흔히 거론되고 있는 은유의 기능은, 뷜러(Bühler 1934: 342-356)에 따르면, 다음과 같다.

(i) 적당한 어휘가 없어서 겪는 '표현의 궁핍(Ausdrucksnot)'에서 벗어나게 도와주기

(ii) 미지의 것을 기지(旣知)의 것을 통해 규정하거나 관심에서 먼 것을 관심에서 가까운 것을 통해 규정할 수 있게 하기

(iii) '표현의 노골성/생생함(Ausdrucksdrastik)'을 얻기

(iv) 터부로 인해 드러내지 않고 '은폐하기(Verhüllung)'

이 가운데 (i)과 (ii)의 기능은 특히 개념은유 이론에서 강조해 온 것인데, 은유는 우리가 이해하고 말로 표현하기 어려운 추상개념(목표영역)을, 우리의 신체경험으로써 형성된 구체개념(원천영역)을 통해 포착하고 언어화하는 인지과정이 된다. 예컨대 추상개념인 시간을 구체개념인 공간을 통해 이해하고 공간의 언어로 표현하는 것("이틀 뒤에", "사흘 안에")을 예로 들 수 있다. (iii)의 기능은 특히 강렬한 시적

를 사용한다. 이에 따라 개념영역도 마찬가지로 표기상의 구분을 한다.

이미지를 부여하는 문학어에서 찾아 볼 수 있을 것이다. (iv)의 은폐 기능은 완곡어(euphemism) 형성에 쓰이는 은유적 동기가 작용하는 것을 말한다. 은유는 "말로 표현할 수 없는 것을 말하는 방법(a way to eff the ineffable)"(Pinker 2007: 277)인데, 은유적 완곡어법은 말하자면 '말할 수는 있어도 말 못하는 것'을 말하게 하는 법이다. 예컨대, "죽다"를 "세상을 떠나다"와 같이 표현하는 것이다(강병창·안혁 2013: 19-20).

이 책에서는 언급한 은유의 기능들에 유머 기능을 추가하고자 한다. 은유의 유머 기능은 은유적 언어표현이 우스움을 유발하여 대화 분위기를 좋게 하고 대화참여자 상호간의 유대가 강화되게 하는 유희적, 친교적 효과를 얻는 것이라고 할 수 있겠다. 그러나 은유와 유머의 상관성에 대해서는 은유를 인지 메커니즘으로 설명하는 인지언어학에서도, 언어학적 유머 연구에서도, 체계적인 논의가 거의 없었다. 은유에 관한 학제적인 연구영역 안내서(예컨대 Gibbs 2008)에서도, 단행본 입문서(예컨대 Punter 2007)에서도, "humor"와 같은 주제어를 색인이나 내용 검색에서 찾기 어렵다. 또한 언어학적 유머 유머를 이끌어온 연구서(Raskin 1985; Attardo 1994 등)에서도 "metaphor"가 간간이 언급되고는 있으나 유머 현상과 관련한 본격적인 논의는 아니다. 그런데 최근에 와서 이러한 사정에 변화가 생기고 있다. 예컨대 깁스와 콜스톤(Gibbs & Colston 2012)의 『비유적 의미 해석하기(Interpreting Figurative Meaning)』에는 "humor"는 아니지만 이와 거의 같은 의미인 "jocularity"(익살)가 주제 색인에 등장하고 있다. 그리고 최근의 한 은유학 개론서(Ritchie 2013)나 유머학 개론서(Goatley 2012)에서는 아예 한 장(章)을 은유의 유희성(말장난, 유머)에 할애하고 있다.

강병창(Kang in press)에서 논의된 대로, 은유와 유머 사이에 유사성이 있다는 것은, 아리스토텔레스(Aristotle 1924: 1406b 7)가 은유 가운데 일부는 웃기기 때문에 부적절하다고 언급한 이래로, 언어학과 유머연구에서 간헐적으로 지적되어 왔다. 은유-유머 연관성에 대한 관심은 먼저 이 둘 사이의 유사성에 주목하면서도 양자의 경계를 어떻게 설정할지에 대한 일반적인 논의(Fónagy 1982, 2001; Pollio 1996; Krikmann, 2009)로 나타났고, 또한 은유가 유머러스한 효과를 유발할 수 있는 잠재력에 대한 논의도 있었다. 후자와 관련해서는 무엇보다 은유적 표현의 '자구적 의미화(literalization)'에 의한 유머 효과에 대한 지적(예컨대, Attardo 1994: 21; Attardo 2015; Alexander 1997: 103-107; Goatly 1997: 161-162; Semino 2008: 27)을 비롯하여, 인위적으로 구축된 은유적 표현 자체의 잠재적 유머성에 대한 심리학적 실험 연구(Godkewitch 1974; Mio & Graesser 1991; Hillson & Martin, 1994)가 주축을 이루었다. 최근 들어서 유머언어학에서는 특히 인지언어학의 관점을 수용하거나 교섭하는 과정에서 은유와 언어 유머 사이의 상호관련성에 대한 관심도 점차 커지고 있다. 인지언어학의 관점이 사회적 상호작용 속의 유머에 대한 연구에 적용되면서 은유, 환유와 같은 해석 메커니즘이 유머 효과를 위해 어떻게 이용되는지가 다루어지고 있고(Brône 2008, 2010; Brône & Feyaerts 2004; Feyaerts & Brône 2005; Veale et al. 2006; Veale 2013), 대화 우스개로서 구축되는 'A is B' 형식의 창의적 은유의 유머성에 대한 연구도 이루어지고 있다(Dynel 2009b, 2012). 반면에 관습적인 은유 표현, 특히 관용표현의 유머성에 대한 논의는 거의 없는 편인데, 최근의 논의로는 커베체쉬(Kövecses 2015: Chap. 8)를 들 수 있다.

은유와 유머의 관계에 대한 지금까지의 논의들은 주로 특정 측면만 부각시킴으로써 전체적인 조망이 부족하며 분석에서 다소 자의적이고 직관적인 기준에 의존하는 경향이 있지만, 이들 논의의 요지는 다음과 같이 정리해 볼 수 있겠다.

첫째, 비유와 유머는 서로 관련이 없고 양립할 수 없는 것으로 보이던 두 차원이 한데 다시 만난다는 면에서 공통점이 있다. 비유는 이질적인 두 관념이 유연(有緣) 관계를 통해 연결됨으로써 한 관념이 다른 관념에 투사되는 것이다. 유머는, 유머 현상을 설명하는 대표적인 노넬인 부조화-해소 모델(Suls, 1972, 1983)과 스크립트 기반의 언어학적 유머이론(Raskin 1985; Attardo & Raskin 1991; Attardo 1994, 2001)의 취지에 따르면, 양립할 수 없는 두 스크립트(시나리오)가 충돌하여 부조화가 발생하고 해소되는 현상이다. 아서 케스틀러(Koestler 1964)의 용어로 말하자면, 은유와 유머는 '이종(異種) 연합(bisociation)'의 창의적인 과정이 된다. 쾨슬러는 창의성의 본질은 의식 속에서 이전에 서로 관련이 없었던 두 관념(준거 틀, frame of reference)이 한 지평에서 새롭게 통합되는 것으로 보았다. 일반적으로 '연합(association)'이 양자 사이에 서로 비슷한 성질이 이미 확보되어 있는 것을 전제하는 반면에, '이종연합(bisociation)'은 전혀 연관성이 없어 보이던 두 차원이 한데 만나는 것을 말한다.

둘째, 이렇게 은유와 유머에서는 이질적인(대립적인/비양립적인) 두 의미영역이 서로 겹쳐 있게 되는데, 원래의 표면상 의미영역은 무효화되면서도 동시에 보존됨으로써(Fónagy 1982: 64; Fónagy 2001: 299-300) 두 의미영역 사이에 긴장관계가 유지된다. 은유에서는 언어표현을 통해 설정된 원천영역이 의도된 목표영역과 완전히 동일시되는 것이 아니라, 목표영역에 인지적으로 접근하는 수단이 된다. 우스개 해석에서는 액면상의 의미가 갑자기 취소되고 의도된 의미로 전환되지만, 이 두 의미 사이의 긴장관계가 완전히 사라지는 것은 아니다.

셋째, 은유적 언어표현들 가운데는 웃기는(유머러스한/익살스런/재치있는) 것들도 있지만, 그렇지 않은 것들이 더 많다. 이것은 은유와 유머가 겹치는 부분도 있지만 서로 차이가 있는 현상이란 것을 말해준다. 일반적으로 유머가 웃기는 것이고 은유는 웃기지 않는 것이라고 할 때, 이 사이에서 '웃기는 은유'가 발생할 수 있게 하는 조건은 무엇인지 문제가 된다. 이 문제에 대해서는 여전히 명확한 해답을 내 놓지 못한 채 해결을 기다리고 있다. 웃기는 은유에 대한 대부분의 연구(Fónagy 1982, 2001; Pollio 1996; Dynel 2009b)는 은유의 두 관념(원천영역 vs. 목표영역) 사이의 '의미적 거리'가 크면 웃기게 된다는 가정에 기초하고 있다. 그런데 웃음을 유발할 만한 의미적 거리의 정도를 객관적으로 판단할 수 있는 근거는 명확하지 않다.

이러한 논의를 배경으로 하여 이하에서는 유머러스한 은유가 우스개 구성체로 구현되는 경우에 초점을 맞추어 그 유머 기제를 알아본다. 우스개 기능을 하는 구성체로 대표적인 것은 조어가 있고, 나아가 성구와 구문이 있다. 이것들을 순서대로 살펴본다.

5.1.2. 유머러스한 은유적 조어

유머가 발생하기 위해서는, 언어학에서 흔히 받아들여지고 있는 부조화-해소 이론에 따르면, 서로 대립적인 두 관념(틀, 스크립트, 또는 시나리오)의 예기치 않은 만남으로 야기되는 부조화가 인지되어야 하고 이 부조화가 적절한 방식으로 해소되어야 한다. 조어(word-formation)도 바로 그러한 부조화를 관찰할 수 있고 부조화 해소의 동기가 찾아질 수 있는 최소 언어현상들 가운데 하나가 된다. 알다시피 조어는 기존의 언어 재료(형태소, 단어 등)를 이용하여 새로운 단어를 만드는 방법이다. 은유와 유머의 상호작용을 고찰하기 위해, 여기서는 다양한 조어법 가운데서도 합성(compounding)과 합성명사에 주목하고자 한다. 합성은 기존의 개념들을 결합시켜 새로운 개념을 만드는 것이어서 은유를 용이하게 수용할 수 있기 때문이다. 은유기반 합성명사는 형태적 구성은 매우 단순하지만 전체 의미구성에서 두 구성요소의 기능과 상호작용이 복잡하며, 여기에 은유가 개입할 때 합성어 의미구성 관계는 매우 복잡해진다. 바로 이러한 측면이 유머 유발에 필요한 부조화를 일으킬 수는 잠재력을 갖는다. 은유기반 합성명사가 보이는 유머러스함은 합성어의 은유적 의미구성 유형에 따른 구성요소간 연결관계를 비롯하여, 합성어 전체의 가능한 자구적 의미와 비유적 의미 사이의 관계에서 야기되는 부조화와 그것을 해소하는 메커니즘에 따라 결정된다. 여기서는 어휘화되어 사전에 수록되어 있는, '유머러스한' 것으로 평가된 영어, 독일어 합성명사와 익살스러운 것으로 볼 수 있는 한국어 합성명사를 자료로 하여, 합성명사에서 은유가 작용하는 유형을 살펴보고 다양한 부조화 유발 양상을 논의한다. 독일어의 은유적 합성명사의 유머성에 대해서는 이미 강병창(Kang in press)에서 다룬 바 있다.

먼저 일부 영어 사전(Cambridge 2008; Duden-Oxford 2005)에 '유머러스하다(humorous/jocular)'고 표시된 합성명사들의 예를 들어보자(Kang in press).[3)]

(a) early bird <일찍.새> '아침형 인간', '(이익을 위해) 남보다 먼저 오는 사람'

(b) snail mail <달팽이.우편> '(전자우편이 아닌) 보통우편'

(c) elbow grease <팔꿈치.윤활유> '심한 육체노동'

(d) butterfingers <버터.손가락> '물건을 손에서 잘 떨어뜨리는 사람'

(e) liquid lunch <액체.점심> '술로 때우는 점심'

---

3) 앞으로 예의 자구적 의미는 <...> 괄호 속에 넣어 표시하되 합성어 구성요소 간 경계는 점(.)으로 표시한다. 예의 실제 의미(비유적 의미)는 홑따옴표('...')로 구분하여 표시한다.

(f) mutual admiration society '끼리끼리 서로를 추켜세우는 패거리'

(a)는 자구적 의미 전체가 은유적으로 해석되고, (b)와 (c)에서는 특정 구성요소("snail", "grease")가 은유적으로 해석되어 다른 구성요소와 의미적으로 관계하는 특징을 보이면서 유머 효과를 낸다. (d)는 '버터가 발린 상태에서의 행태와 유사한 특성(물건을 잘 붙들지 못함)을 보이는 손가락들'이라는 의미에 '(이러한 손가락들을) 가진 사람'이라는 뜻이 추가되는 소유합성어(bahuvrihi)로서 은유와 환유의 상호작용을 보인다. (e)에서는 첫 번째 구성요소에 범주("liquid")가 범주에 속하는 요소("alcohol")를 대신하는 환유가 작용하고 있다. (f)는 "mutual aid society"(공제조합)를 암시하며 모방함으로써 유머 효과를 자아낸다. 여기서 유머러스한 은유기반 합성명사는 (a), (b), (c)가 될 것이다. 이러한 성격의 합성명사를 살펴보기 전에 먼저 은유기반 합성어 자체의 성격과 유형을 알아보자. 이하의 내용은 강병창(2013, in press)에서 논의된 것을 수정, 확장시킨 것이다.

1) 은유기반 합성어

은유기반 합성어(metaphor-based compound)[4]는 합성어 AB에서 구성요소 A 또는/그리고 B가 은유적으로 이해되는 경우라 할 수 있다. 이런 유형의 합성명사는 그동안 언어학에서 그렇게 큰 관심의 대상이 되지 못한 편이다. 은유, 환유와 같은 비유 현상이 개입하는 합성어는 대체로 구성성분의 의미로부터 전체 의미가 도출된다는 합성

4) 이 용어는 벤체쉬(Benczes 2006)에서 받아들인 것이다. 그 밖에도 다양한 용어들이 있는데, "metaphorical compounds"(은유적 합성어: Benczes 2006, 2010), "metaphorische Komposita"(은유적 합성어: De Knop 1987, 2003), "Kompositionsmetaphern"(합성 은유: Ortner & Ortner 1984), "Kompositummetaphern"(합성어 은유: Skirl 2010) 등이 있다.

성(compositionality) 원리가 적용되지 않고 관용성(idiomaticity), 의미 불투명성, 분석 불가능성을 특징으로 하는 예외적인 현상으로 간주된다고 보는 것이다. 또한 많은 수의 은유기반 합성명사는 내심(內心, endocentric) 합성어가 아니라, 외심(外心, exocentric) 합성어로 간주되어 분석대상으로서는 주변적인 것으로 취급되어 왔다. 내심합성어는 전형적으로는 AB가 수식어-핵심어 구조를 가지며 일반적으로 B가 합성어의 의미적 핵심이 되는 한정합성어이다. 반면에 외심합성어는 의미적 핵심이 합성어 내부에 있지 않고 '바깥'에 있는 것으로 간주된다. 조어론에서 합성어 AB의 의미를 A와 B 사이의 다양한 의미관계 유형 설정을 통해 논의할 때, 은유기반 합성어는 주로 비교 또는 유사성의 관계를 설정하는 방식으로 처리되어 왔다(예컨대, 합성어 AB에서 'A는 B와 유사하다' 또는 'B는 A와 유사하다').[5] 또한 은유를 중요한 개념화 메커니즘으로 보는 인지언어학에서도 은유기반 합성어에 대한 연구는 아주 드문 편이다(예컨대, Benczes 2006, 2010).

이 책에서 취하는 입장은, 은유기반 합성명사 AB는 내심 vs. 외심 합성어, 한정 vs. 대등 합성어의 구분과 관계없이 모든 유형에서 나타날 수 있으며, A와 B 사이에 성립하는 특정 유형의 의미관계만으로 특징지을 수 없다는 것이다. 여기서 이해하는 은유기반 합성명사 AB는 다음과 같은 여섯 가지 의미구성 유형을 보인다.

5) 예컨대, Ortner & Ortner 1984: 142, 158-164; Ortner et al. 1991: 194-207; Jackendoff 2010: 438, 445, 447-448; Fleischer & Barz 2012: 141-143.

<표 2> 은유기반 합성명사 AB의 의미구성 유형(주의: 제시된 예에는 유머성 판단이 없음)

유형	설명	예
[AB](→Z)	자구적 의미 AB 전체의 은유화	가시덤불, 묵사발, 불장난
[A]→[B]	A에서 B로의 은유적 매핑	호랑이 선생님, 도둑고양이, 총알택시
[A]←[B]	B에서 A로의 은유적 매핑	(한국어, 영어에서는 찾아보기 힘들고 독일어에 예가 있음)
[A(→X)][B]	은유적인 A와 자구적인 B의 의미 합성	벼락부자, 도둑장가, 거북이운행
[A][B(→Y)]	자구적인 A와 은유적인 B의 의미 합성	술고래, 입씨름, 돈벼락
[A(→X)][B(→Y)]	둘 다 은유적인 A와 B의 의미 합성	꿈나무, 꽃뱀, 칼바람

여기서 [A], [B]는 합성어 AB의 구성요소 A, B가 각각 촉발하는 개념영역을 나타내며, [AB]는 합성어 AB의 자구적 의미 전체가 촉발하는 개념영역을 나타낸다. X, Y, Z는 각각 이러한 [A], [B], [AB]가 근원영역이 될 때의 목표영역을 나타내며, 실제로는 상응하는 언어적 요소가 없어서 괄호 속에 넣어 표시된다. 화살표는 근원영역에서 출발하여 목표영역에 이르는 은유적 매핑의 방향을 표시한다. 6개 유형 구분은 기존 연구(Ortner & Ortner 1984: 158-164; Fleischer & Barz 2012: 142-143; De Knop 1987, 2003; Skirl 2010; Benczes 2006: 89-140; 강병창 2013; Kang in press)에서 논의된 것을 종합하여 재구성한 것이다.[6)] 각 유형의 특징을 유머러스한 독일어 예를 통해

6) 벤체쉬(Benczes 2006)와 강병창(2013)은 은유기반 합성명사의 유형을 [A]←[B]를 제외한 다섯 가지로 보았다. [A]←[B] 유형은 오르트너와 오르트너(Ortner & Ortner 1984)에서 언급되는데, 이들은 [A(→X)][B(→Y)]를 제외한 다섯 가지 유형을 언급하지만 그들의 용어로 순수한 '합성 은유(Kompositionsmetapher)'에는 [A]→[B], [A]←[B] 유형만 속한다. 플라이셔와 바르츠(Fleischer & Barz 2012)는 은유 현상을 보이는 합성어의 네 가지 유형으로 [AB](→Z), [A]→[B], [A]←[B], [A][B(→Y)]를 제시했다. 반면에 데 크노프(De Knop 2003)는 [AB](→Z), [A]→[B],

살펴보자.

[AB](→Z): 이 유형은 A와 B의 자구적 의미로부터 합성된 의미 전체가 은유적으로 이해되는 합성명사를 포괄한다. 여기서 은유의 발생은, 첫째, 자구적 의미에 기반하여 쓰이던 합성명사가 나중에 은유적 의미확장을 일으켜 쓰이는 결과일 수도 있고, 둘째, 어떤 사태를 명명하기 위해 처음부터 자구적 합성에 의한 의미구성을 거쳐 은유적 해석이 이루어진 결과일수도 있다. 첫째 경우의 예로서 독일어 "Bohnenstange"<콩.막대기>는 원래 '콩 줄기 지지대'를 가리키는 것인데, '영상 은유(image metaphor)'(Lakoff & Turner 1989; Dancygier & Sweetser 2014: 59-62)에 의해, 곧 콩 줄기 지지대와의 영상 유사성에 의해, '키 크고 마른 여자'라는 의미로 유머러스하게 전의된다. 둘째 경우의 예로는 "Dackelbeine"<닥스훈트.다리>를 들 수 있다. 이 합성어는 처음부터 단순히 닥스훈트의 다리를 지칭하기 만들어진 것이라기보다는 닥스훈트의 다리의 시각적 이미지와 유사한 대상에 은유적으로 적용되어 '짧고 휘어진 다리'라는 의미로 주로 쓰이는 것이다. 마찬가지로 "Elefantenrennen"<코끼리.달리기>도 단순히 코끼리들의 경주를 지칭하기 위해 만들어진 것이라기보다는 '코끼리처럼 육중한 트럭들이 고속도로에서 경주하듯이 추월 경쟁을 하는 것'을 유머러스하게 은유한다. 이 두 가지 경우가 늘 명확하게 구분되는 것은 아니며, 문헌에서도 이 두 유형의 의미구성 차이에 거의 주목하지 않고 있지만(예컨대, Ortner & Ortner 1984: 55, 159), 여기서 [AB](→Z) 유형으로 주목하는 것은 둘째 경우이다.

이러한 의미의 [AB](→Z) 유형에 속하는 유머러스한 합성명사로는

[A][B(→Y)]를, 스키를(Skirl 2010)은 [A]→[B], [A]←[B], [A][B(→Y)]만을 은유기반 합성어로 보려고 한다.

다음을 더 들 수 있다.

(a) Hintergestell <뒤.받침대> '엉덩이'

(b) Speckröllchen <베이컨.두루마리> '불룩한 뱃살'

(c) Rachenputzer <목.씻개> '독한 술'

(d) Nachteule <밤.올빼미> '올빼미족'

(e) Kratzbürste <긁음.솔> '사납고 고집 센 여자'

(f) Spätzünder <늦게.불붙는_것> '형광등 같이 반응이 느린 사람'

[AB](→Z) 유형에 속하는 합성명사로서 또한 주목하고자 하는 것은 원래 자구적 의미구성에 기반한 합성명사이지만 자구적 의미관계의 재해석과 이에 따른 은유적 매핑에 의거하여 새로운 의미로 쓰이는 것들이다. 예컨대 원래 '느린 연소 난로'를 의미하는 "Dauerbrenner"<지속.버너>는 '장기 흥행물'이나 '장기 이슈'와 같은 은유적 의미로 쓰이기도 하며, '오랜 입맞춤'라는 의미로 유머러스하게 쓰이기도 한다. 이 유머러스한 의미는 '느린 연소 난로'에서 직접 은유적으로 확장된 것이라기보다는 합성어의 두 구성요소가 자구적으로 제공하는 '지속적으로 불타는 것'이라는 기본 의미가 원천영역이 되어 은유적으로 투사된 다양한 목표영역들 가운데 하나로 볼 수 있다.

[A]→[B]: 이 유형은 합성어 AB의 두 구성요소 A, B가 각각 은유의 원천영역과 목표영역을 촉발하고, [A]에서 [B]로의 은유적 매핑이 일어나는 경우라 할 수 있다. 이것은 합성명사의 두 구성요소가 원천영역 어휘소와 목표영역 어휘소로 구성되는 이른바 '한 단어 은유(Einwortmetapher)'(Ortner & Ortner 1984: 58)가 형성되

는 것이다. 이 유형은 한정합성어의 수식어-핵심어 관계에 근거하여 [A]가 [B]를 은유적으로 수식/규정하는, 곧 [A](원천영역)의 속성이 [B](목표영역)에 은유적으로 매핑되는 합성어들을 포괄한다. 많은 경우는 [A]와 [B] 사이의 이미지 유사성에 기반한 영상은유를 보이는 합성어들이다(예컨대, "Schlitzauge<슬롯.눈>", '옆으로 길게 째진 눈', "Keilhose<쐐기.바지>", '쐐기 모양의 스트레치 바지', "Sackbahnhof<자루.역>", '종착역', "Schlangenmensch<뱀.사람>", '뱀처럼 몸을 꼬는 곡예사'와 같은 유머러스하지 않은 합성어). 문헌에서는 주로 영상은유의 [A]→[B] 유형이 강조되고 있지만, 추상적인 성격의 목표영역을 구체적인 성격의 원천영역을 통해 이해하는 개념은유가 [A]와 [B] 사이에 작용하는 경우도 드물지 않다(예컨대, "Tochterfirma<딸.회사>" '자회사', "Hamsterkauf<햄스터.구매>", '사재기'와 같은 유머러스하지 않은 합성어). [A]→[B] 유형 합성명사들 가운데 유머러스한 것들은 살펴보면, 주로 영상은유에 기반을 둔 것들이 많다.

(a) Kulleraugen <구슬.눈> '왕방울 눈'
(b) Schnittlauchlocken <골파.곱슬머리> '직모/생머리'
(c) Korkenzieherhose <코르크_뽑개.바지> '가로 주름이 많이 생긴, 다리지 않은 바지'

[A]←[B]: 이 유형은 [B]가 원천영역이 되어 목표영역인 [A]에 대하여 은유적 매핑이 이루어지는 것이다. 따라서 일반적으로 수식어인 A가 핵심어인 B를 수식하는 한정합성어의 기본 틀에는 맞지 않은 특이점을 보인다. 뒤에서 살펴볼 [A][B(→Y)] 유형에서도 핵심어인 B가 원천영역의 어휘소가 되어 은유가 작동한다. 그러나 [A]←[B] 유형은

[A]가 바로 목표영역이 되어 'A는 B이다'와 같은 바꿔 쓰기가 가능하다는 점에서 [A][B(→Y)] 유형과 구분된다. [A]←[B] 유형의 합성명사는 예컨대 영어와 같은 다른 언어에서 유사한 예를 찾아볼 수 없는 독일어 특유의 현상으로 간주된다(Ingendahl, 1971: 38). [A]←[B] 유형에 속하는 관습적인 (유머러스하지 않은) 합성어로는 영상은유에 기초한 "Himmelszelt<하늘.천막>", '천공(天空)', "Mondsichel<달.낫>", '초승달', "Wolkenschleier<구름.베일>", '베일구름' 등을 들 수 있으며, "Staatsschiff<나라.배>", '나라라는 배'은 사건구조 은유(event structure metaphor)에 기초한 것이다. 이 유형의 합성어들은 이처럼 어휘화된 경우를 제외하면 대다수의 경우 텍스트 구성 과정에서 생산되어 특정한 맥락 속에서 일시적으로 사용되는 경향을 보인다.

> Im Norden ziehen sie [= die Wolken] wie eine mächtige Flotte über das **Himmelsmeer** (...) (Die Zeit, 9. 19. 2013)
>
> '북쪽에는 구름이 강력한 함대처럼 **하늘의 바다**<하늘.바다>를 건너고 있다(...)'

이 유형에 속하는, 유머러스한 효과를 주는 어휘화된 합성어들은 그 수는 많지 않지만 다음과 같은 것들을 들 수 있다.

(a) Damenflor <여자.꽃무리> '여자들 무리'

(b) Ehehafen <결혼.항구> '결혼이라는 항구'

(c) Geldregen <돈.비> '돈벼락'

(d) Fußballkrimi<축구.스릴러> '축구라는 스릴러'

(e) Nervenkostüm <신경.옷> '(두꺼운/약한) 신경'

(a)에서는 여자들 무리("Damen")는 꽃 무더기("Flor")로 은유되고

있고, (b)에서는 결혼생활("Ehe")은 닻을 내려 정박할 수 있는 항구("Hafen")로 은유되고 있다. (c)에서 돈("Geld")은 예기치 않게 많이 쏟아져 내리는 비("Regen")로 이해되고, (d)에서 축구경기("Fußball")는 결말이 어떻게 될지 모르는, 손에 땀을 쥐게 하는 스릴러("Krimi")로 이해된다. 그리고 (e)에서 신경체계("Nerv")는 몸을 보호하는 얇거나 두꺼운 옷("Kostüm")으로 은유된다.

[A(→X)][B]: 이 유형은 합성명사 AB에서 구성요소 A가 은유적으로 해석되고 이것이 다시 합성어의 수식어-핵심어 관계 속으로 들어와 합성 의미를 구성하는 것이다. 유머러스하지 않은 예를 들면, "Brillenetui<안경.케이스>", '안경 케이스'는 '안경(Brille)과 관계하는 케이스(Etui)'를 뜻하지만, "Brillenschlange<안경.뱀>" '인도코브라'는 '안경(Brille)과 관계하는 뱀(Schlange)'을 뜻하는 것이 아니다. 전자의 경우에는 [A]와 [B] 사이에 직접적인 관계([A][B])가 성립하지만, 후자의 경우에는 말하자면 A('안경')에 의해 은유적으로 매개된 X('안경과 같은 모양의 것')가 B와 관계([A(→X)][B])를 맺는다고 할 수 있다. [A(→X)][B] 유형의 주된 특징은 [A]가 영상은유의 원천영역이 되고, 이로부터 영상 유사성이 목표영역(X)에 매핑됨으로써 X와 [B]가 합성의미 관계(주로 'X가 부여된 B', 'X를 특징으로 하는 B')를 구성한다는 것이다. 이 유형은 일반적인 (유머러스하지 않은) 합성어의 경우에는 'X가 부여된 B'라는 의미관계를 보이면서 인공물, 동물, 식물을 명명하는 데 자주 쓰인다(예컨대, "Raupenfahrzeug"<애벌레.차량> '무한궤도식 차량', "Panzerechse"<갑옷.도마뱀> '악어', "Kammgras"<빗.풀> '빗살 모양의 이삭을 가진 억새[빗살새]').

유머러스한 합성어는 주로 '(A에 의해 은유된) X를 특징으로 하는 B'의 의미관계를 보이는 경우가 많은데, 다음을 예로 들 수 있다.

(a) Kupfernase <구리.코> '딸기코'

(b) Silberblick <은(銀).쳐다봄> '약간의 사팔눈'

(c) Poposcheitel <엉덩이.가르마> '가운데 가르마'

(d) Igelfrisur <고슴도치.머리모양> '고슴도치 털 같은 헤어스타일'

(e) Spagatprofessor <두_다리_일직선_벌리기.교수> '두 대학에 출강하는 교수'

(f) Atombusen <핵.젖가슴> '큰 젖가슴'

(g) Dampfradio <증기.라디오> '구식 라디오'

위의 합성어들은 'B는 A이다'와 같은 은유 형식을 토대로 하고 있지 않고, A가 은유하는 특정한 속성이 B를 의미적으로 규정하는 것으로 이해된다. (a-d)의 합성어들은 영상은유에 의존하고 있는데, 예컨대 "Kupfernase"는 구리의 전반적 속성이 코에 은유적으로 투사된 것으로 이해되기보다는 구리의 한 속성인 붉은 색에 의해 규정된 코를 의미한다. (e-g)의 예들에는 사건구조 은유가 작용한다고 볼 수 있는데, "Spagatprofessor"는 두 다리 뻗기("Spagat")와 유사한 행태를 보이는 교수를 뜻한다.

[A][B(→Y)]: 이 유형은 합성명사 AB에서 구성요소 B가 은유적으로 해석되고 이것이 다시 합성어의 수식어-핵심어 관계 속으로 들어와 합성 의미를 구성하는 것이다. 이 유형은 [A]←[B] 유형과 흔히 혼동되기도 하는데, [B]가 은유하는 목표영역(Y)을 [A]가 좀 더 상세히 규정하여 합성어 전체 의미를 도출하는 의미관계를 보이는 점에서 차이가 있다. [A][B(→Y)] 유형의 합성어 의미는 대체로 'A와 관계하는 것으로서 B와 유사한 특성을 보이는 것'으로 바꿔 쓰기될 수 있다. 유머러스하지 않은 예를 들면, "Erdstern"<땅.별> '방귀버섯'은 영상은유에 기초한 것으로서 '땅과 관계하는(곧 땅에서 자라는) 것으로서

별처럼 생긴 것(버섯)'을 뜻한다. 사건구조 은유에 기초한 것으로는 예컨대 "Ölpest"<원유.페스트> '원유유출 재앙'을 들 수 있는데, 이 합성어는 '원유와 관계하는 것(원유에 의해 유발된 것)으로서 페스트와 유사한 것(오염 재앙)'을 뜻한다.

[A][B(→Y)] 유형은 유머러스한 은유기반 합성명사의 대표적인 유형이다. Duden-DWDS(2012)에서 조사해 볼 때 독일어에서 이 유형에 속하는 유머러스한 합성명사는 유머러스한 은유기반 합성명사 전체의 약 60%를 차지한다. 이것은 이 유형에서는 B가 은유적으로 이해되고 A가 목표영역과 부분적 또는 간접적으로만 관련될 뿐이어서 은유가 작용하는 전체 합성어의 실제 의미가 모호하게 된다는 점과 관련 있어 보인다. 반면에 [A]→[B] 및 [A]←[B] 유형에서는 합성어의 실제 의미와 직결되는 목표영역이 A 또는 B 성분에 의해 명시되고, [A(→X)][B] 유형에서는 합성어의 전체 의미의 핵심어가 되는 B가 자구적으로 이해된다. [A][B(→Y)] 유형의 유머러스한 합성어는 단순한 영상은유나 다양한 정도의 특정성을 보이는 사건구조 은유를 기반으로 하며, 합성어 의미구성에서 B가 은유적으로 이해된 것(Y)에 대해 A가 다양한 의미관계를 보인다.

(a) Nasenfahrrad <코.자전거> '코 위에 걸려 있는, 자전거처럼 생긴 것' = '안경'

(b) Drahtesel <철사.당나귀> '철사로 만든, 당나귀처럼 탈 수 있는 것' = '자전거'

(c) Hafermotor <귀리.엔진> '귀리를 먹는, 엔진처럼 달리는 것' = '말'

(d) Bierleiche <맥주.시체> '맥주를 과음하여 시체처럼 널브러져 있는 사람' = '고주망태'

(e) Kilometerfresser <킬로미터.먹이_먹는_동물> '수 킬로미터의 장거리를 동물이 먹이 먹듯이 주파하는 사람' = '(쉬지 않고 달리는) 장거리 운전자'

(f) Blechlawine <철판.눈사태> '철판으로 만들어진 것들이 눈사태처럼 밀려듦'

= '길게 늘어선 자동차 대열'

(g) Gemütsathlet <감정.운동선수> '감정에 대하여 운동선수처럼 강건한 사람'

= '감정의 동요가 없는 사람'

(h) Magenfahrplan <위(胃).운행시간표> '위로 들어가는 음식의 구성을 열차시간표처럼 보여주는 것' = '식단'

(a-d)의 유머러스한 은유는 대체로 원천영역 [B]와 목표영역 Y 사이의 시각적인 혹은 행태적인 유사성에 근거하고 있다. (e-h)의 합성어들은 주로 [B]와 Y 사이의 사건구조적 유사성에 근거한 은유를 보이고 있다.

[A(→X)][B(→Y)]: 마지막으로 이 유형은 생산적이지 않은 편이어서 은유기반 합성어와 관련하여 거의 논의되지 않았지만 벤체쉬(Benczes 2006: 102-105)에 의해 그 존재가 부각된 바 있다. 이 유형의 합성어는 A가 은유적으로 해석된 X와, B가 은유적으로 해석된 Y가 특정한 의미관계 하에서 개념적으로 결합된 것으로 볼 수 있다. [A(→X)][B(→Y)] 유형은, [AB](→Z) 유형과 명확히 구분하기 힘든 측면도 있지만, 은유적이지 않은 전체 의미 [AB]가 통째로 다시 은유적으로 해석되는 [AB](→Z) 유형과는 달리, A와 B가 각자 고유한 은유적 의미를 가진 채 다시 의미관계를 보이는 합성이 이루어진다는 점이다. 이 유형은 일상의 중립적 어휘보다는 유머러스한 합성어에서 더 자주 확인된다. 구성성분 간의 의미관계에 의해 가능한 자구적 의미와 실제 의미 사이를 연결하는 동기(motivation)가 다른 유형의 경우에 비해 쉽게 찾아지지 않음으로써 이 유형은 부조화와 이에 다른 유머 효과는 비교적 크지만 활발한 조어를 허용하는 것 같지는 않다. 예컨대 다음 예를 보자.

(a) Gummiadler <고무.독수리> '고무와 같은, 독수리처럼 생긴 것' = '질긴 통닭'

(b) Idiotenhügel <바보.언덕> '바보 같은 사람들을 위해 만든 언덕 같은 곳' = '스키 초보자용 슬로프'

(c) Fußbad <발.목욕> '발과 같은 부위를 목욕하듯이 적시는 물' = '받침 접시에 흘러넘친 커피/차'

(a)에서는 단순히 '고무로 된 독수리'라는 자구적인 합성의미 전체가 '질긴 통닭'으로 은유적으로 이해되는 것이 아니라, 고무("Gummi")가 은유하는 속성(질긴 식감)이 독수리("Adler")가 은유하는 속성(몸통 모양)과 결합함으로써 합성어 의미가 도출된다. (b)의 합성어 의미는 자구적인 의미 전체와 실제 비유적 의미 사이의 의미적 동기가 희박하여 바보("Idiot")가 '스키 초보자'로, 언덕("Hügel")이 '슬로프(slope)'로 은유적으로 이해되고 세부화될 때 구축될 수 있다. (c)는 원래 '족욕'의 의미로 쓰이던 것인데 구성 성분의 은유적 재해석을 통해 유머러스한 표현이 된 것이다.

2) 유머러스한 은유기반 합성어에서의 부조화-해소 메커니즘

지금까지 합성명사의 의미구성에서 은유가 작용하는 다양한 유형을 살펴보면서 이에 따른 유머러스한 예도 함께 관찰해 보았다. 그렇다면 이러한 은유기반 합성어에서 은유로 인한 우스움에 주목하고, 이때 은유의 어떤 성격이 작용하여 우스움을 유발하는지를 논의해야 할 것이다. 이를 위해서는 먼저 은유의 어떤 특성이 유머를 위한 부조화를 유발하고, 이 부조화 유발의 메커니즘은 다른 언어 우스개의 경우와 어떻게 다른지 살펴봐야 할 것이다.

이 문제의 논의를 시각하기 전에 은유기반 합성명사와 같은 유머러스한 은유적 지칭의 관습성(알려짐) vs.창의성(새로움)의 측면이 유머

효과에 미치는 영향을 짚고 넘어가 보자. 강병창(Kang in press)에서는 『두덴 독일어 대사전(Duden-GWDS 2012)』에 유머러스한 것으로 수록된 은유기반 합성명사를 연구대상으로 하여 은유와 유머의 상호작용을 다루고 있다. 이 합성명사들은 처음에는 창의적으로 생산되어 사용되다가 어휘화된 관습적인 어휘소들이다. 이러한 형태의 언어 우스개는 반복적인 사용에 따른 친숙함으로 인해 우스움을 유발하는 유머 효과가 강력하지는 않지만, 비유적인 의미 이면에 자구적인 해석이 동시에 작용함으로써 두 차원이 겹치는 데서 오는 유머러스한 효과가 여전히 남아 있다. 즉, 여러 연구(Williams 1992; Giora & Fein 1999; Giora 1997, 2003 등)에서 지적하듯이, 친숙한 은유 표현에서도 이해 단계의 처음부터 맥락과 상관없이 은유적 의미와 자구적 의미가 동시에 활성화된다는 인식을 수용하는 것이다. 다시 말해, 은유기반 합성명사의 유머 효과는 자구적인 의미 차원과 비유적인 의미 차원이 교차하는 데서 유발된다고 할 수 있다.

은유기반 합성명사와 같은 은유적 언어표현에서 유머효과가 발생한다면, 우스갯소리의 '구축부-펀치라인' 구조에 따른 유머효과 발생 과정과는 차이가 있다. 우스갯소리의 유머효과를 위해 부조화를 인식하고 해소하기 위해서는 일정 시간의 경과가 필요한데, 정보가 구축부에서 펀치라인으로 이행하면서 순차적으로 제시되기 때문이다. 반면에 뭔가를 합성명사로 지칭하거나 서술하는 경우의 부조화는 합성명사가 지시하는 대상과 직결되는 실제의 비유적 의미와 그 합성명사의 두 구성성분과 이들의 의미관계에 의해 촉발되는 자구적 의미가 동시에 겹쳐지는 데서 생긴다고 할 수 있다. 이러한 경우 유머 효과를 유발하는 데 필요한 부조화는 자구적 의미와 비유적 의미의 두 차원이 처음부터 공존하여 양자의 연관이 어울리지 않고 이상한 느낌을 불러일으키는 데서 온다고 할 수 있다. 리치(Ritchie 2004: 49)

의 용어를 빌면, 우스갯소리의 부조화는 시간 경과에 의한 순차적 제시를 통해 기대감이 유발되고 어긋남이 일어나는 것을 특징으로 하는 '동적인 부조화(dynamic incongruity)'이고, 유머러스한 지칭의 부조화는 자체 구성의 특성상 거의 순간적으로 발생하는 '정적인 부조화(static incongruity)'라고 할 수 있다. 또한 은유적 언어표현이 유머러스할 정도로 부조화를 보인다면, 이것은 지칭되는 대상/개념 자체에 원천적으로 내재해 있는 '내재적 부조화(inherent incongruity)'가 아니라, 그 대상/개념이 언어적으로 제시되는 방식이 부조화스러운 '제시적 부조화(presentational incongruity)'(Ritchie 2004: 50)이다. 따라서 은유적 언어표현은 자구적인 의미와 비유적인 의미 사이의 대립과 독특한 제시로 특징되는 '정적-제시적 부조화(static-presentational incongruity)를 통해 유머 효과를 일으키는 것이다.

다음 예는 국립국어원의 『표준국어대사전』에 "[...]을 익살스럽게 이르는 말"로 뜻풀이가 된 몇 안 되는 합성명사들이다.

(a) 합죽할미: '이가 빠져서 입과 볼이 움푹 들어간 나이 많은 여자'
(b) 팥죽할멈: '팥죽과 같은 묽게 만든 음식이나 먹을 수 있을 만큼 이가 다 빠진 할머니'
(c) 나이롱환자: '환자가 아니면서 환자인 척하는 사람'

이 합성들은 지칭되는 대상의 내재적 부조화에 의해 익살스럽게 느껴지는 (비은유적) 합성어로 보인다. 이 두 합성어의 우스움은 언어의 표현 방식의 부조화(제시적 부조화)에 의거한 것이라기보다는 뜻풀이에 서술된 상황 자체에서 이미 느껴지는 것 같다. 다만 (c)는 지시대상의 행태 자체에 이미 우스꽝스런 요소(환자가 아니면서 환자인 것)가 있기는 하지만, [A(→X)][B] 유형의 은유기반 합성어로서 유발시킬 수 있는 제시적 부조화에 의해서도 익살스러움을 느끼게 하는 것으로 생각된다. 물론, '가짜'라는 뜻으로 해석되는 "나이롱"이란 말의 비표준어적 위치(표준어는 "나일론")도 익살 효과에 한몫하는 것으로 보인다.

위에서 독일어를 통해 살펴본 유머러스한 은유기반 합성명사들의 경우, 부조화는 먼저 합성어의 자구적 의미와 비유적 의미 사이에 모종의 '의미적 거리(semantic distance)'(Godkewitsch 1974; Hillson & Martin 1994; Martin 2007: 92-95)가 느껴지는 데서 찾을 수 있겠다. 이러한 의미적 거리는 은유의 원천영역과 목표영역 사이의 개념적 차이는 비교적 큰 편이어서 부조화가 두드러지게 인지되는 것으로 이해할 수 있겠다. 은유의 우스움에 대한 '의미적 거리' 접근(Hillson & Martin 1994)에서는 원천영역과 목표영역 사이의 거리, 곧 '영역간 거리(between-domain distance)'가 크면 클수록 부조화가 크며, 그리고 원천영역과 목표영역이 각자의 영역에서 차지하는 위상의 차이, 곧 '영역내 거리(within-domain distance)'가 작으면 작을수록 부조화 해소(resolution)가 커지는 것으로 본다. 그래서 특정 형식의 은유적 진술 "A는 A가 속한 영역에서의 B이다"(예컨대 "Woody Allen is the quiche of actors" '우디 앨런은 배우계의 키쉬[식사용 파이 일종]이다')은 영역간 거리 크면서 영역내 거리가 작은 것이 유머러스함의 정도가 상대적으로 큰 것으로 평가된다.

그러나 은유에서 우스움을 유발할 정도의 부조화가 유발되기 위해서는 원천영역과 목표영역 사이의 의미적/개념적 거리가 어느 정도로 현저하게 커야 하는지는 개관적으로 대답하기는 어렵다. 이미 여러 학자들이 지적했듯이(예컨대, Dynel 2009b; Attardo 2015: 92), 영역간 거리가 유머러스하게 인지될 수 있는 임계치가 어느 정도인지 정확하게 규정할 수 없다는 문제가 있는 것이다. 하지만 이 책에서는 반드시

영역간 거리가 비교적 커야만 은유의 유머러스함이 발생하는 것은 아니며, 유머러스함을 위한 필요조건은 유머학에서 일반적으로 말하는 '부조화(incongruity)'와 그것의 '해소(resolution)'라는 입장을 취한다. 다만, 은유의 영역간 거리가 클수록 유머를 위한 부조화를 확보하는 데 기여할 기회가 크다는 점을 강조하고 싶다. 은유에서 유머러스함을 위한 부조화는 서로 다른 두 영역이 함께 제시되는 "분리 지시(split-reference)"(Pollio 1996: 248)의 상황에서 영역간 매핑이 매우 제한적으로 이루어짐으로써 일반적으로 유머의 경우처럼 두 영역 사이를 분리하는 경계가 강조되는 데서 비롯한다. 추르(Tsur 1987: 7)의 용어를 빌면, 두 영역의 연합 효과(joint effect)에 주목하게 하는 "통합된 초점(integrated focus)"을 갖는 은유보다는 두 영역의 불화합성(incompatibility)에 주목하게 하는 "분열된 초점(split focus)"를 갖는 은유가 유머러스하게 지각되는 것이다. 다시 말해, 은유의 유머러스함을 위한 부조화는 일차적으로는 원천영역과 목표영역의 개념적 거리가 눈에 띄게 크면 확보되며, 또한 두 개념 영역 사이의 매핑이 대체로 제한적으로만 이루어짐으로써 두 영역 사이의 유사성이 그다지 적절하지 않아야 할 것이다. 이러한 부적절함 가운데서도 두 개념영역 사이의 유사성이 어느 정도 찾아짐으로써 부조화의 해소가 이루진다고 할 수 있다.

독일어에서 유머러스한 은유기반 합성명사들을 살펴보면, [인간] 대 [비인간(동물, 사물)], [동물] 대 [사물]의 개념적 대립에 기초하는 은유를 보이는 경우가 많다. 이러한 은유는 구체적으로는 먼저 인간의 비인간화(dehumanization), 곧 인간의 동물화(animalization)나 물화(objectification)로 나타난다.

(a) 인간의 동물화: [AB](→Z)

Treppenterrier <계단.테리어> ‘직업상 자주 계단을 오르내려야 하는 사람’

Laubenpieper <정자(亭子).짹짹이(새)> ‘교외 집단주말농장 생활자’

Bücherwurm <책.벌레> ‘책벌레, 공붓벌레’

(b) 인간의 동물화: [A][B(→Z)]

Tastenlöwe <건반.사자> ‘피아노의 대가’

Anstandswauwau <예의범절.멍멍이> ‘(파티 같은 데서의) 처녀 보호자’

Mauerspecht <장벽.딱따구리> ‘1989년 베를린 장벽 개방 후 벽을 쪼아내 기념품으로 삼는 사람’

(c) 인간의 물화: [AB](→Z)

Kratzbürste <긁음.솔> ‘사납고 고집 센 여자’

Allzweckwaffe <다용도.무기> ‘다양한 일에 투입될 수 있는 사람’

Spätzünder <늦게.불붙는_것> ‘형광등 같이 반응이 느린 사람’

(d) 인간의 물화: [A][B(→Z)]

Trauerkloß <슬픔.만두> ‘즐기려고 하지 않는 침울한 사람’

Stimmungskanone <분위기.대포> ‘분위기 메이커’

Kurschatten <요양지.그림자> ‘요양지에서 요양 중에 사귄 이성 연인’

이 예들은 모두 사람을 가리키고 있지만, 은유의 원천영역은 말하자면 ‘유정성(有情性, animacy)’ 위계에서 ‘격하’된 것들이다. 원천영역과 목표영역 사이의 개념적 거리에 의한 부조화는 인간과 동물 사이의 유사성이 희박해질수록 더 커질 것으로 보인다. 반면에 인간과 동물 사이의 현저한 또는 전형적 유사성이 부각될수록, 해당 은유는 대체로 유머러스하지 않고 동물의 문화적 위상에 따라 적절한 은유가 될 수도 있고, 경멸적인 은유가 될 수도 있다(예컨대, "아킬레스는 사자다" vs. "철수는 쥐다"). 그러나 위와 같은 유머러스한 동물화 은유에서는 원천영역에서 목표영역으로의 매핑이 매우 좁은 범위에서만 이루어짐으로써 두 영역 간의 유사성이 어떤 한정한 측면에 국한되는 것이 대부분이다. 매핑에서는 원천영역의 많은 부분이 이용되지 않고 한 가지 속성이나 활동만 특징적으로 부각된다. 예컨대 "Treppenterrier"는 계단을 재빠르게 오르내리는 테리어의 생생한 이미지에 기반을 둘 뿐, 테리어의 전반적인 속성(충성스러움, 용맹함 등)과는 관계없어 보인다. 여기서 유머러스함은 목표영역의 한 특정한 측면이 상응하는 원천영역의 측면에 의해 다소 과장되게 부각되는 데서 오는 것으로 볼 수 있다.

인간을 물화(objectification)하는 은유는 생명이 없는 물체가 생명이 있는 인간에 투사된다는 점에서 인간의 동물화 은유의 경우보다 원천영역과 목표영역 사이의 개념적 거리가 더 크다고 할 수 있다. 사람이 물건으로 이해되고 사람의 어떤 특성이 그 물건에서 부각되는 특정한 측면과 과장적으로 결부됨으로써 부조화가 유발되고, 제한한 범위의 은유적 매핑의 이해를 통해 그 부조화가 해소된다. 마찬가지 방식으로, 동물의 비동물화(deanimalization), 곧 동물의 물화도 유머러스하게 나타날 수 있다.

동물의 물화:

Hafermotor <귀리.엔진> '말

Wüstenschiff <사막.배> '낙타'

인간의 비인간화(동물화, 물화)는 사람을 지칭/특징화하는 것 외에도 사람과 관계된 대상/일을 나타내는 경우에도 적용된다. 사람의 신체 부위가 동물의 부위, 인조물, 기계와 같은 사물로 은유되거나, 사람 자체가 사물화되어 처리되는 일이 유머러스하게 표현되기도 한다.

신체 부위 및 인간사의 비인간화(동물화, 물화)

(a) AB(→Z):

Fledermausohren <박쥐.귀> '큰 귀'

Futterluke <먹이.해치(hatch)> '입'

Spitzkühler <뾰족.라디에이터> '불룩 튀어나온 배'

(b) A(→X)-B:

Igelfrisur <고슴도치.머리모양> '고슴도치 털 같은 헤어스타일'

(c) A-B(→Y):

Gesichtserker <얼굴.돌출창> '코'

Hosenstall <바지.외양간> '(남자 바지의) 앞트임'

Teutonengrill <독일인들.그릴> '독일인 휴가객들이 대규모로 일광욕을 즐기는 해변'

Heiratsmarkt <결혼.시장> '결혼 시장'

Seelenklempner <영혼.함석장이> '심리학자'

지금까지 살펴본 합성어들은 유정성 위계에서 격하된 것들이지만, '격상'되는 것, 곧 신격화(deification)와 의인화(personification)를 보여주는 은유도 드물지 않다. 이것은 유머 이론 가운데 우월성 이론에서 간주되듯이 대상을 과소평가하고 낮춰 봄으로써 우스움을 유발하는 경우도 자주 있지만, 대상을 높임으로써도 유머 효과를 얻기도 한다.

(a) 인간의 신격화:

Küchenfee <부엌.요정> '여자 요리사'

Badenixe <수영.님프> '수영복 미인'

(b) 동물의 의인화:

Mümmelmann <씹음.사람> '산토끼'

Froschkonzert <개구리.콘서트> '개구리 합창'

(c) 무정물의 동물화:

Drahtesel <철사.당나귀> '자전거'

Stahlross <강철.당나귀> '자전거'

Dampfross <증기.말> '증기기관차'

Elefantenrennen <코끼리.달리기> '코끼리처럼 육중한 트럭들이 고속도로에서 경주하듯이 추월 경쟁을 하는 것'

살펴본 것처럼, [인간] 대 [비인간], [동물] 대 [비동물]의 대립이 보여주는 것과 같이, 원천영역과 목표영역 사이의 비교적 큰 개념적 거리는 많은 경우 유머러스한 합성어를 내놓게 한다. 하지만 개념적으로 유사한 영역들 사이에서의 대립을 통해서도 유머러스함이 발생할 수도 있다. 이때 중요한 것은 영역간 매핑의 제한성이 유머를 위한 영역간 부조화를 뒷받침한다는 것이다. 유머러스함을 유발하는 부조화가 은유의 영역간 매핑의 제한성이 부각되는 데서 기인한다면, 개념적으로 서로 유사한 영역들 사이에서도 그러한 부조화가 비교적 크게 인지되는 경우에는 유머러스함이 유발될 수 있을 것이다. 구체적으로 말하자면, 원천영역과 목표영역이 모두 인간사에 속하지만, 원천영역이 목표영역과 유비(類比)적으로 유사한 것이 아니라, 양자가 정도, 강도 등의 척도에서 서로 과도하게 벗어나는 식으로 유사성을 보이는 경우라고 할 수 있다. 이로써 합성명사의 자구적 의미와 비유적 의미

사이에 대립이 현저하게 부각됨으로써 부조화가 발생하고, 제한적인 은유적 매핑에 의한 유사성 확인을 통해 부조화를 어느 정도 해소하게 되며, 이러한 과정을 통해 유머러스함이 발생하게 된다.

이 과정에 의한 부조화는 크게 두 가지 방향으로 전개될 수 있는데, 흔히 유머 메커니즘에서 중요하게 작용하는 것으로 거론되는 과장과 낮춤으로 포괄될 수 있는 것이다. 다음 예들은 과장하는 은유를 보이면서 유머러스한 합성어들이다. 여기서는 목표영역과 원천영역이 유사한 측면이 있지만 전자보다 후자가 더 '거창한' 일로 부각되고, 양자의 대립이 부조화로 인지된다.

(a) Kuchenschlacht <케이크.전쟁> '케이크를 많이 놓고 함께 먹기'
Scheuerlappengeschwader <청소걸레.편대> '(건물의) 청소 인원'
(b) Bierleiche <맥주,시체> '술, 특히 맥주를 너무 많이 마셔 인사불성 된 사람'
Schnapsleiche <독주.시체> '술, 특히 독주를 너무 많이 마셔 인사불성 된 사람'
Karteileiche <카드파일.시체> '비활동 회원'
(c) Kritikerpapst <비평가.교황> '문학 비평의 권위자'
Drogenguru <마약.구루> '마약 소비를 선동하는 사람'
Sonnenanbeter <태양.숭배자> '일광욕 애호가'
Kunstjünger <예술.사도(使徒)> '예술대학생, 젊은 예술가'
Kochkünstler <요리.예술가> '요리를 아주 잘하는 사람'
(d) Stehkonferenz <서_있음.회담> '선 채로 나누는 대화'
Schnarchkonzert <코곪.콘서트> '시끄러운 코골이'

(a)에서는 삶의 일상적 측면이 전쟁과 같은 개념을 통해 극단적인 상황으로 과장되게 은유화되고 있다. (b)의 예들은 사람의 비활동성(알코올로 인한 것이든 회원가입 후 실제 활동을 하지 않는 경우이든)

을 극단적으로 시체, 곧 죽음으로 은유하고 있다. (c)에서는 세속을 종교로, 예술을 종교로, 평범한 기술을 예술로 고양시키는 은유가 사용됨으로써 과장 효과가 얻어진다. (d)에서도 공적인 영역이 사적인 영역에 은유적으로 투사되고 이 양자 사이의 대립이 부조화와 과장을 유발한다.

3) 한국어의 경우

지금까지 독일어의 유머러스한 은유기반 합성명사를 살펴보았는데, 이 합성명사들은 사전(Duden-GWDS 2012)에 "scherzhaft"(익살스러운, 장난스러운, 유머러스한)로 표시된 것들이다. 이러한 표시가 명시적으로 되어 있지 않은 한국어 사전에서도 독일어의 경우에 상응하는 유사 사례를 찾아 볼 수 있을 것이다. 국립국어원의 『표준국어대사전』에는 표제어의 뜻풀이를 보면 유머와 관련된 것이라 할 수 있는 표현들이 있다. 앞에서도 언급했던 "[...]을 익살스럽게 이르는 말"을 비롯하여 "[...]을 농담조로 이르는 말"이나 "[...]을 놀림조로 이르는 말"을 들 수 있을 것이다. 물론 이 판단이 일관성 있게 체계적으로 진행되어 반영된 것인지는 알 수 없다. 예를 들면, "[...]을 익살스럽게 이르는 말"은 전체 어휘에 비해 극소수에 불과하다("나이롱환자", "팥죽할멈", "합죽할미"; "도씨/도선생", "봉탕", "봉적"; "어쩌고저쩌고하다"). 또한 "[...]을 농담조로 이르는 말"도 의외로 매우 적다("당닭", "엿죽방망이", "정강말"). 독일어의 경우에 비추어 봤을 때 한국어의 사정은 현저한 차이를 보이는데, 이것은 언어현실에서 비롯한 것이라기보다는 사전편찬시의 판단 문제에서 비롯하는 것으로 생각된다. 이러한 점에서 볼 때, 한국어의 익살 어휘에 대한 체계적인 연구가 시급하다고 할 수 있다.

유머러스함의 판단과 관련한 문제가 없는 것은 아니지만, 『표준국어

대사전』에 "[...]을 놀림조로 이르는 말"로 뜻풀이가 된 합성어들은 비교적 다수 있는 편이다. 이 합성어들의 상당수는 '익살스럽다'고 해도 큰 무리는 없을 것으로 보인다. 앞서 살펴본 독일어와 유사한 형태를 보이는 합성명사들을 쉽게 발견할 수 있는데, 몇 가지 예를 들면 다음을 들 수 있다.

멧부엉이: '깊은 산속의 부엉이처럼 어리석고 메부수수하게 생긴 시골 사람'
발탄강아지: '걸음 걷기 시작한 강아지라는 뜻으로, 일없이 이리저리 쏘다니는 사람'
까마귀사촌: '몸에 때가 끼어 시꺼먼 사람'
공붓벌레: '공부만 파고드는 사람'
눈물단지: '툭하면 잘 우는 사람'
똥항아리: '먹기만 하고 하는 일이 없는 사람'
음흉주머니: '몹시 음흉한 사람'
고드름장아찌: '말이나 행동이 싱거운 사람'
메기입: '입아귀가 길게 째져 넓게 생긴 입'
꽈리주둥이: '잔뜩 내민 입'
쥐눈: '얼굴 생김에 비하여서 어울리지 아니하게 몹시 작은 눈'
올챙이배: '똥똥하게 나온 배'

위의 예들은 대체로 인간의 비인간화, 곧 유정성 위계에서의 낮춤을 특징으로 한다고 볼 수 있다. 반대로 높임을 특징으로 하면서 과장에 의한 부조화를 보이는 예들로는 다음을 들 수 있다.

대갈장군: '머리가 큰 사람'
딸부자: '딸이 많은 사람'
무언거사: '말주변이 없어 의사 표시를 잘 못하는 사람'

공산명월: '대머리'

이와 같이 『표준국어대사전』에서 표제어를 검토해 본 바로는 "익살스럽게", "농담조", "놀림조"의 쓰임새가 다소 모호하며 일정한 구분 근거가 있는지도 의문이다. 앞으로 체계적인 조사가 필요하겠지만, "[...]을 비유적으로 이르는 말"을 뜻풀이로 하는 표제어들이 매우 많은 편인데, 여기서 일부 합성어들은 결국 유머러스한 것으로도 볼 수 있는 것들이 있지 않을까 한다.

또한 사전에는 수록되어 있지 않지만 세태를 반영하는 신어(남길임 2014; 네이버 오픈국어) 가운데 유머러스한 은유를 이용하는 경우도 있을 것이다(예컨대, "화석선배" '취업난으로 학교를 오래 다니고 있는 고학번 선배', "진지병자" '어떤 일을 가볍게 넘기지 못하고 진지하게 생각하고 받아들이는 사람', "올빼미 회의" '저녁이나 밤에 하는 회의').

5.1.3. 유머러스한 은유적 성구와 구문

당연한 말이지만 은유적 언어표현들은 합성어와 같은 조어로만 실현되는 것이 아니라, 관용구, 연어(連語, collocation), 자유구 등과 같이 성구와 구문의 층위에서도 다양한 '(형태-의미) 구성체(construction)'로 실현된다. 즉, 은유는 "A는 B이다"와 같은 언어적 형태로만 실현되는 것이 아니라, 다양한 어휘적, 통사적 결합 형태로 나타나는 것이다. 물론 역으로 이러한 은유적 언어표현들에서 'A는 B이다'와 같은 은유의 기본 패턴 또는 개념은유를 도출해 낼 수 있다.

유머러스한 은유적 성구/구문 가운데는 이미 어휘화/관습화된 것들도 있고 상황에 따라 새롭게 창의적으로 생산되어 쓰이는 것들도 있다. 한 언어공동체의 어휘체계에 자리잡고 있는 관습화된 은유(예컨대 "저 사람은 곰이다", "소식이 깡통이다")는 일반적으로 아주 유머러스하게 느껴지기 어려우며, 다만 몰랐던 것을 처음 듣거나 습득하면서 의미구성의 유연(有緣) 관계를 추적해 보는 단계에서는 유머 효과를 체험할 수도 있다. 따라서 은유의 유머러스함은 주로 창의적인 새로운 은유에서 발현할 것으로 예상하게 된다. 은유의 창의성과 새로움은 우선 목표영역을 규정하는 데 있어 그동안 쓰이지 않았던 기발한 원천영역이 동원되는 것에서 찾아볼 수 있을 것이다. 그러나 기존의 개념은유에 의해 관습적으로 설정된 원천영역-목표영역 연결관계가 실제 언어적으로 실현될 때의 새로움으로 해서도 유머러스함이 유발될 수 있는 것 같다. 즉, 창의적인 은유는 새로운 개념은유 외에도 기존의 개념은유로부터 새로운 언어표현이 산출되는 데서도 발생한다고 할 수 있다.

언어 우스개의 전형인 우스갯얘기에서는 은유 자체에 의한 유머 효과를 보이는 예를 찾기가 쉽지 않지만, 예컨대 이야기의 진행 중에 다음과 같은 장면이 있다면, 이는 은유를 통해 우스움을 유발하는 예로 볼 수 있다.

젊은이: "할머니, 그럼 건강은 어떠세요?"
할머니: "응, 유통기한이 벌써 지났어."

여기서 할머니의 대답은 스스로를 유통되는 식품에 비유하고 그 유통기한이 다 됐음을 말함으로써 건강 상태가 불량함을 은유하고 있다. 여기서 [사람]과 [식품]은 의미적 거리가 매우 크지만 오래되면 변질된다는 점에서 유사성을 갑자기 갖게 된다. 이렇게 서로 관계없는 것들에서 새롭게 관련성이 찾아지는 점에서 유머 효과가 발생하는 기본 조건이 마련된다고 볼 수 있다.

또 예컨대 소설에 이런 구절이 있다고 하자.

두 사람 사이가 건건찝찔하다.

이 은유적 표현에서는 [사람 사이는 맛이다]와 같은 은유 패턴을 유추해 낼 수 있다. 더 나아가 [사람은 음식이다]로까지 확대될 수 있다. 이것은 개념은유라 할 수 있는데, 그것이 실현되는 양상은 창의적으로 나타날 수 있고 시간이 지나면서 관습화될 수도 있다. 이처럼 어휘화된 관습적인 은유에서는 참신성과 관습성 사이의 경계가 다소 유동적일 수가 있으며, 유머 효과도 완전히 사라진 것은 아니다.

한국어에서 성구/구문 차원의 우스개 구성체의 다양한 양상에 대해서는 아직 본격적인 연구가 없다. 이와 관련하여 강병창(2015a: 8-15)에서는 독일어의 익살 은유 성구를 개괄적으로 다루었는데, 이것이 한국어 연구를 위한 발판이 될 수 있을 것으로 보인다. 독일어 사전(Duden-GWDS 2012)을 보면 성구/구문 차원의 은유 표현에도 "scherzhaft"(익살스러운, 장난스러운, 유머러스한)라는 표시가 되어 있는 것을 볼 수 있다. 이에 대한 관찰은 관습적인 표현을 이해하는 것을 넘어서 창의적인 표현의 생산과 이해를 위해서도 도움이 될 것이다. 독일의 은유적 성구/구문으로서 우스개 구성체로 볼 수 있는 것들의 예 몇 가지를 들어보면 다음과 같다.

(a) Wo soll ich dich **abladen**? <너를 어디다 **부려/떨궈 주면** 돼?>

'... 내려 주면 ....'

(b) Mein Arzt **zog** mich **aus dem Verkehr** und verschrieb mir eine Kur.

<의사가 나를 **시중에 유통되지 않게 회수하고** 요양을 처방했다>

'... 쉬게 하고 ...'

(c) ein **frischgebackener** Vater <**갓 구운** 아빠> '이제 막 된 ...'

(d) Er lag auf dem Sofa hingegossen. <그는 소파에 **쏟아져** 누워 있었다> '... **널브러져** ...'

이 표현들은 전형적인 비인간화 은유에 의한 유머러스함을 보여 주는 예들이다. 또한 사람의 신체 일부가 사물화됨으로써 익살 효과를 보이는 경우도 있다. 다음 예들에서는 신체 일부가 상품이나 도구에 빗대지고 있다.

(a) Ich habe mir in letzter Zeit **einen Bauch zugelegt**.
<나는 최근에 **배를 장만했어**> '나는 요즘 배가 나왔어'

(b) Als Frau Doktor mit dem Stethoskop kam, hat er **eine Schippe gezogen** und geweint. <의사 선생님이 청진기를 갖고 들어오자 그는 **삽을 꺼내고** 울었다> '... 아랫입술을 쑥 내밀고 ...'

(c) Er isst mit der **fünfzinkigen Gabel**.
<그는 **다섯 갈래 포크**로 먹는다> '그는 손으로 먹는다'

표현의 유머러스함은 인간을 동물화하는 은유를 통해서도 얻어진다.

(a) Unser Herrgott hat einen **großen Tiergarten**.
<하느님의 **동물원은 넓다**> '세상에는 별의별 인간이 다 있다'

(b) Ich muss mir erst mal die **Flossen** waschen.
<내 **지느러미**를 좀 씻고 와야겠다> '... 손을 ...'

(c) Sie **kommt aus einem guten Stall**.
<그녀는 **좋은 마구간에서 왔다**> '... 훌륭한 가문 출신이다'

익살 표현은 '인간의 비인간화' 은유뿐만 아니라 그 반대방향, 곧 '비인간(사물, 동물)의 인간화(의인화)' 은유를 통해서도 얻어진다.

(a) Zu dem Kuchen **muss man Sie sagen**.

<이 케이크에게는 **존칭을 써야 해**> '이 케이크는 정말 대단해'

(b) Wollen wir mal **einer Flasche den Hals brechen**?

<우리 **병의 목을** 한번 **부러뜨려** 볼까?> '우리 술 한 병 마실까?'

(c) Er ist **mit seinem Verein verheiratet**.

<그는 **협회와 결혼했다**> '그는 시간만 나면 협회에 붙어산다'

다음 예들은 일상의 일을 그와 유사한 측면이 있는 다른 차원의 '거창한', '무서운', '나쁜' 일로 과장하여 은유함으로써 익살 효과가 얻는 경우이다.

(a) die Klamotten, die ich beim **Überfall** meiner Familie anhatte

<우리 가족이 **급습했을** 때 내가 입고 있었던 옷> '... 불시에 방문했을 ...'

(b) Der Chef will dich sprechen, **beam dich** mal schnell in sein Büro!

<사장님이 자네를 찾으셔. 빨리 그의 사무실로 **순간이동 해**> '... 빨리 가봐'

(c) Bist du wieder **auferstanden**?

<다시 **부활한** 거니?> '이제 다 나았어?'

(d) Ich **habe ein Attentat** auf dich **vor**.

<내가 너를 **암살하려고 해**> '나 너한테 어려운 부탁이 있어'

(e) Darf ich Sie zu einem Bier **verführen**?

<맥주 한잔 하는 데로 당신을 **유혹해도** 될까요?>

'맥주 한 잔 살 테니 가실래요?'

당연하겠지만, 이러한 유머러스한 표현들은 한국어에서도 상응하는 표현을 찾을 수 있을 것이다. 이에 대한 연구는 앞으로의 과제로 남겨둔다.

5.2. 직유와 우스개 구성체

은유는 다양한 언어적 구성체로 실현될 수 있기는 하지만, 그 전형적인 표현 형식은 "A는 B이다"이다. 그리고 이러한 은유 형식과 전통적으로 구분되어 온 것이 '직유(simile)'이다. 직유는 "A는 B와 같다" 또는 "A는 B처럼 ...하다"와 같은 전형적인 표현 형식을 갖는다. 그런데 인지언어학에서는 개념은유에 주목하게 되면서 은유와 직유를 근본적으로 구분할 필요가 없음을 강조해 왔다(예컨대, Lakoff & Turner 1989: 133; Stockwell 1992: 105). 물론 이에 대립하는 입장이 없는 것은 아니다. 직유 표현 자체는 은유적인 것이 아니므로 은유 논의에서 배제되어야 한다는 입장도 있으며(Pragglejaz Group 2007: 32), 은유의 개념영역 간 매핑과 직유의 그것 사이에는 패턴 차이가 있음이 지적되기도 한다(Dancygier & Sweetser 2014: 137이하). 이 책에서도 직유를 은유와 구분하여 다루는데, 은유와 직유 사이에 유사성이 있는 것은 분명하지만, 직유 표현의 의미구성에서 "...와 같다"나 "...처럼"이 독자적으로 기여하는 바가 있는 것으로 보기 때문이다.

직유는 비교의 한 형식으로서 비교 구문에 의존하는 '비유적 비교(figurative comparison)'이다(Israel et al. 2004). '자구적 비교(literal comparison)'와 달리, 직유는 비교 대상이 되는 두 영역이 개념적으로 서로 이질적인 가운데의 비교이다. 직유는 비교가 가능하지 않아 보이는 실체들 사이에 잠재적으로 유사성이 있다고 보는 평가이므로, 그것이 어떤 측면에서의 비교인지 언어적으로 명시되는 경우가 많다

(예컨대, “그녀는 물고기처럼 말이 없다”). 많은 경우 직유는 영상은유에서처럼 대상들이 갖는 속성의 측면에서 유사성이 있음을 나타내준다.

직유적 표현에서는 관습화된 것은 유머를 일으킬 만큼 영역간 부조화가 강하게 인지되지 않는 경향을 보이므로, 어휘화된 관습적인 직유 표현에서 유머러스한 것을 확인하기는 쉽지 않다. 독일어의 경우를 보더라도 사전(Duden-GWDS 2012)에 “scherzhaft”(익살스러운, 장난스러운, 유머러스한)라는 표시가 되어 있는 직유 표현은 은유 표현에 비해 현저하게 적은 편이다. 이것은 아래 예에서 보듯이 은유 표현 (a)는 유머러스하고, 직유 표현 (b)는 유머러스하지 않은 것으로 표시된 데서도 알 수 있다.

(a) Er ist eine Tonne. <그는 드럼통이다>

(b) Er ist dick wie eine Tonne. <그는 드럼통처럼 뚱뚱하다>

여기서 드럼통의 외양과 사람의 뚱뚱함 사이의 영상은유 관계는 비교적 분명한데, 위의 (b)에는 그것을 명시적으로 표현하기 때문에 유머러스함이 상쇄되는 것으로 보인다. 반면에 아래 두 표현은 유머러스한 것으로 표시되어 있다. 이것은 아마도 원천영역과 목표영역 사이의 영역간 의미거리가 비교적 큰 데서 비롯하는 것으로 보인다. 여기서 영역간 유사성이 금방 파악되지 않는 탓에, 직유 표현에서 명시적인 비교점이 제시되더라도, 의미동기에 관한 추론(부조화 해소)이 다소간 필요하므로 유머러스함이 유지되는 것이 아닐까 한다.

(a) Er ist ein Hering. <그는 청어이다>

(b) Er ist dünn wie ein Hering. <그는 청어처럼 말랐다>

직유 표현의 유머러스함은 목표영역(곧 피비교자)과 원천영역(곧 비교대상) 사이의 개념적 거리가 매우 커야 하는 점 외에도 다음 예가 보여주는 것처럼 비교대상의 이미지가 매우 생생하게 구체화되어 제시되는 데서도 그 근거를 찾을 수 있겠다.

Meine Hose war nass und ich **stakste wie der Storch im Salat**.

<나는 바지가 젖어서 **남새밭 황새처럼 뻗정다리로 걸었다**>

이런 측면에서 보면 직유 표현의 유머러스함은 관습적인 표현보다는 실제 담화 환경에서 창의적으로 생산되는 표현에서 더 쉽게 찾을 수 있을 것으로 보인다(물론, 이 경우에는 유머러스함을 판단하는 문제와 그것을 판단할 수 있는 객관적인 기준을 제시하는 문제가 여전히 남아 있다). 그렇다면 이제 소설 같은 곳에서 발견할 수 있는 유머러스한 직유 표현들의 특성을 한국어의 경우를 중심으로 간략하게 살펴보자.

(a) **비 맞은 장닭** 같이 추레하다.

(b) **오뉴월 개 혓바닥**처럼 잎사귀를 늘어드리고 있는 나무

(c) **발탄 강아지**처럼 쏘다닌다.

(d) **해묵은 달력**처럼 쓸모없다.

(e) **빈 곡식 자루**처럼 힘없이 쓰러진다.

이 예들을 보면, 원천영역과 목표영역 사이에 어느 정도 의미적 거리도 확보되어 있어야 하겠지만, 유머 유발에는 원천영역 자체의 성격도 중요한 역할을 하는 것으로 보인다. 말하자면, 원천영역 자체에 부조화적인 요소, 곧 하찮음, 시시함, 열등함, 배척됨 등이 내재해 있을 때,

유머 효과로 연결되기가 쉽다.

은유이든 직유이든 비유에 의한 유머 효과는 원천영역과 목표영역 사이의 현저한 의미적 거리와 연결의 새로움, 원천영역의 비진지성 등이 복합적으로 작용해서 얻어진다. 그런데 우스갯소리의 이해에서 부조화 인지가 있고 이어서 부조화 해소가 있어야 효과가 있듯이, 유머러스한 비유에서도 유머 효과를 위해서는 해소 단계를 동반하는 부조화가 필요하다. 이러한 부조화는 원천영역과 목표영역 사이의 비교점이 전형성/현저성에 기반하지 않아 다소 모호한 점이 생기게 하는 데서도 찾을 수 있다. 이 모호성의 근원은 좀 더 구체적으로는 직유에서 선택된 원천영역이 목표영역의 중요한 특성을 적절히 잘 포착하는 전형성/대표성을 갖추지 못하는 점과 관련있다. 유머 효과는 바로 이러한 부조화 상황에서도 유사성(비교점)이 찾아져 부조화가 해소되는 데서 비롯한다고 할 수 있다.

한국어에서 관용구나 속담으로 구현된 직유에는 이러한 비교점의 적절성 위반을 통해 유머러스한 효과를 자아내는 것들이 많다. 관용구와 속담의 속성상 관습성에 의한 익숙함이 유머성을 떨어뜨릴 수는 있지만, 이 표현들을 처음 접하거나 그 의미구성 과정을 의식하는 경우에는(들었던 우스갯얘기를 다시 들을 때도 웃음이 나오는 경우가 있듯이) 유머 효과를 체험할 수 있다.

(a) 꾸어다 놓은 보릿자루 같다(원천영역 속성: '가만히 있다').

(b) 개가 핥은 죽사발 같다(원천영역 속성: '깨끗하다', '하얗다').

(c) 굴뚝에서 빼 놓은 족제비 같다(원천영역 속성: '지저분하고 가냘프다').

(d) 부잣집 가운데 자식 같다(원천영역 속성: '무위도식하다').

(e) 빌려온 고양이 같다(원천영역 속성: '얌전하다').

일반적으로 비유에서는 원천영역의 현저한, 전형적인 속성이 비교점으로 선택됨으로써 비유 이해가 어느 정도 용이하게 이루어지는 반해, 새롭게 창의적으로 생산되는 유머러스한 비유에서는 비유 생산자가 원천영역의 지엽적인 속성을 선택함으로써 비유 해석자가 비교점을 찾기 어렵게 된다. 해석자는 보통 현저한 속성을 먼저 떠올리기 때문에 이후 기대의 어긋남(부조화)을 인식하고 예상 밖의 유사성 지각(부조화 해소)을 통해 유머러스함을 체험하게 된다. 예컨대 다음과 같은 구절에서 '머리에 도끼를 맞음'이라는 원천영역의 이미지는 '충격', '죽음', '잔인함'과 같은 주된 의미로 연결되지 않는다. 도끼가 낸 직선의 자국처럼 가르마가 똑바름을 나타낼 뿐이다.

> **머리에 도끼를 맞은 듯이** 가운데 가르마를 타고 기름을 처바른 사내는 다시 한 번 나를 훑어보고는 퉁명스럽게 말했다.

보통 재치있고 기발하고 유머러스한 직유 표현은 비교점 찾기에 혼선을 줌으로써 기대의 반전을 노리는 경우가 많다. 물론 이 경우에는 직유 생산자가 직접 직유의 의미를 누설해 주어야 유머 효과가 생긴다. (a)는 '김제동 어록'(강미은 2013: 24)에서 취한 것이다. 이와 유사한 영어 예 (b)는 영화 「포레스트 검프」에 나오는 유명한 대사이다.

(a) 사랑은 택시와 같은 거죠. 함께 걸어온 길만큼 대가를 지불해야 합니다.
(b) Life is like a box of chocolates, you never know what you are going to get. ("어머니가 인생은 초콜릿 상자 같은 거라 말씀하셨지요. 어떤 초콜릿을 먹게 될지 아무도 모르니까요.")

(a)에서 택시로부터 취해진 비교점은 택시의 현저한 속성들(이를테

면 '공용성')을 제치고 비교적 부차적인 '주행거리로 계산되는 요금'이 되고 있다. (b)에서 취해진 초콜릿 상자의 속성은 이유 설명을 듣기 전에서는 예상할 수 없을 정도로 기대와 거리가 멀다.

5.3. 환유와 우스개 구성체

비유 가운데 '환유(換喩, metonymy)'는 일반적으로 동일한 개념영역 내부에서 시간적, 공간적, 또는 인과적으로 인접한 요소들 사이에 성립하는 '대신(代身, stand-for)' 관계라고 할 수 있다. 환유는, '메토뉘미아(μτωνυμία)'라는 그리스어 원어의 본래 뜻에도 반영되어 있듯이, 한 사물의 '명칭(-νυμία)'을 대신하여 그 사물과 연관된 다른 사물의 명칭으로 '바꿔(μτω-)' 사용하는 비유법이다. 이때 한 사물과 다른 사물의 연관성은 흔히 '인접성(contiguity)'으로 특징져진다. 부분으로 전체를 대신하는 것(이른바 '제유법[synecdoche]')뿐만 아니라, 원인과 결과, 공간과 내용 사이의 상호 대신 관계, 그리고 자질 보유자를 자질로 대신하거나 어떤 행위를 그 수단으로 대신하는 등의 현상을 넓은 의미의 환유로 볼 수 있다. 인지언어학적 용어로 다시 말하자면, "환유는 동일 개념영역 또는 동일한 이상적 인지모델(ICM) 내에서 한 개념적 실체가 매개체(vehicle)라는 수단이 되어 목표(target)가 되는 다른 개념적 실체에 정신적으로 접근을 하는 인지과정이다" (Kövecses 2010: 173).

한 개념영역 내에서 한 실체(매개체)가 다른 인접한 실체(목표)를 대신할 수 있기 위해서는 일반적으로 매개체가 전체 영역 내에서 대표성을 띨 만큼 두드러진 것이어야 할 것이다. 곧 환유에서 매개체는 인간의 체험, 지각, 문화 등의 차원에서 상대적으로 인지적 현저성(cognitive salience)을 갖는 실체가 선호되며, 또한 매개체의 선택에는 불분명한 것보다는 분명한 것이, 비관여적인 것보다는 관여적인 것이 선호된다는 소통의 원리도 적용된다(Radd n & Kövecses 1999: 44이하). 이를테면 '사람'을 대신하는 말로 '얼굴'을 쓸 수 있는데(예컨대 "이번 대표팀에는 새 얼굴이 많다."), 이것은 사람을 그 얼굴로 확인하는 우리의 일상 체험에서 비롯함을 쉽게 알 수 있다(이것은 신분증 사진이나 초상화에서도 드러난다). 사람에게는 얼굴도 있고 손발도 있는데, 예컨대 '발'로 '사람'을 대신하는 것은 인지 원리에 위배된다고 할 수 있다(*"이번 대표팀에는 새 발이 많다."). 물론 '손'으로 '사람'을 대신할 수 있는데("겨울배추 묶어야 하는데 손이 부족해요."), 이 경우의 사람은 사람 그 자체가 아니라 특정한 역할을 하는 기능적 맥락에서 본 사람, 곧 '(손을 주로 써서 일하는) 일꾼'이 된다.

일반적으로 환유는 하나의 개념영역(또는 ICM, 틀) 안에서 '현저한(salient)' 기준점을 선택하여, 그 개념영역 속의 다른 개념이나 그 개념영역 전체를 대신 지시하게 하는 것이지만, 환유의 유머러스함은 이 지시 과정에서 부조화가 특별히 인지되게 하는 전략을 취하는 데서 비롯하는 것으로 보인다. 예컨대 다음 예들을 보자. 이 예들은 『표준국어대사전』에 "[...]을 놀림조로 이르는 말"로 뜻풀이가 된 것들이다.

(a) 말눈깔: '말의 눈처럼 눈이 큰 사람'
말코: '코끝이 둥글넓적하고 콧구멍이 커서 벌름벌름하는 특징이 있는 코를 가진 사람'
말뼈: '성질이 고분고분하지 못하고 거세어 뻣뻣한 사람'
병어주둥이: '입이 매우 작은 사람'
새대가리: '우둔한 사람'
닭대가리: '기억력이 좋지 못하고 어리석은 사람'
닭고집: '고집이 센 사람'

(b) 복의 배: '배가 나온 사람'

(a)는 이른바 소유합성어들이며, (b)는 성구이다. 이것들이 유머러스한 요인은 인간의 동물화에서도 찾을 수 있지만, 부조화스런 환유도 한몫을 하는 것으로 보인다. 전체를 대신하는 부분의 특성은 그 전체가 갖는 여러 속성 가운데 하나일 뿐, 전체를 대신할 정도로 각별히 현서한 것은 아닐 것이다. 그런데도 이 부분 속성은 과장스럽게 동물에 빗대지고 전체적인 특징으로 돌출됨으로써 부조화를 보이는 것이다.

환유에는 전체가 부분을 대신하는 유형도 있다. [전체의 부분 대신] 환유는 지시되는 외연 범위가 넓은 '전체'를 거명하지만 실제로는 그 외연의 일부인 '부분'을 가리키는 것이라고 할 수 있다. 이러한 지시 관계는 맥락이 없으면 지시의 모호함이 발생할 수 있다. 예컨대 사전에는 수록되어 있지 않은 다음과 같은 신조어가 있다.

검은머리 외국인: '인종적으로는 한국인이지만 국석은 미국 시민이거나 영주권자'

이 말은 유머러스함보다는 비꼼의 성격이 강한 듯하다. 위에 제시된 의미로 주로 쓰이는데, 특히 한국에서 불법적인 행동이나 상거래를 하는 경우를 꼬집을 때 흔히 쓰인다. 논리적으로는 머리카락 색깔이 검은 외국인의 집합은 광범위하며, 문제의 지칭대상은 그 중 극히 적은 일부를 차지할 뿐이다. 하지만 이러한 환유적 명칭이 의식적으로 선택된 것은 전형성(외국인의 전형적인 머리 색깔은 우리와 다르다)의 부조화를 부각시킴으로써 모순성을 강조하려는 전략에서 비롯한 것으로 보인다.

하지만 환유적인 우스개 구성체는 [전체의 부분 대신]보다는 [부분의 전체 대신] 유형에 의존하는 경우가 더 많은 것 같다. 이 유형에서는 일반적으로 [부분]이 [전체]를 환기시킬 만큼 '현저한', 곧 충분히 특징적인 요소가 된다. 예컨대 독일어 관용구 "mit jemandem die Ringe tauschen"의 자구적 의미(<반지를 교환하다>)는 [결혼식]이라는 틀에서 그 일부를 구성하는 부분 사건일 뿐이지만, '결혼하다'는 전체 의미를 지시할 만큼 특징적이다. 그러나 환유적 익살 표현에서는 전체 틀에서 현저하지 않은, 부차적인 지엽적인 부분 사건이나 측면을 선택해 그것이 전체 틀을 대신하도록 하는 전략을 취하게 된다. 그러면 엉뚱함에 의한 부조화가 인지되고, 매개체에서 목표영역에 이르게 하는 추론에 의한 부조화 해소를 통해 유머 효과를 얻게 될 것이다. 예컨대 다음과 같은 관용구를 보자.

손끝으로 물만 튀긴다: '아무 일도 안 하고 뻔뻔하게 놀고만 있다'

이 관용구는 [일 안 하고 놀기] 틀에서 그것의 전형적인 부분 사건, 곧 손을 움직이지 않거나 일이라고 볼 수 없는, 손을 극히 조금만 놀리는 행동을 자구적 의미로 취하면서 그 전체 틀을 지시한다. 다음 예를 더 보자.

서울 사람은 비만 오면 풍년이란다: '서울 사람이 농사일에 대하여 전혀 모른다'

이 관용구에서는 농사일에 대해 전혀 모르는 사람이 보일 수 있는 행동의 한 지엽적인 표본을 보여주고, 이것으로써 그 전체 사태를 대신하고 있다.

이러한 [부분의 전체 대신]은 말하자면 '작은 일'을 통해 '큰 일'을 현실적/비현실적으로 추론하는 것도 포함한다. 예를 들면 다음과 같은 관용구들을 더 들 수 있다.

(a) 사발에 든 고기나 잡겠다: '사발에 담아 놓은 물고기나 잡을 만한 능력이다'
→ '무능하여 일을 처리하기는커녕 주는 밥이나 겨우 찾아 먹는다'

(b) 솥뚜껑에 엿을 놓았나: '집에 빨리 돌아가려고 몹시 서두르다'

(c) 손바닥에 털이 나겠다: '손을 쓰지 아니하여 손바닥에 털이 다 날 지경이다'
→ '게을러서 일을 하지 아니하다'

(c) 삶은 소가 웃다가 꾸러미 째지겠다: '웃을 수 없는 삶은 소조차 너무도 어이없고 우스워서 한껏 입 벌리고 웃다가 꾸러미까지 터지고 말겠다'
→ '하는 품이 하도 어이없고 가소롭다'

지금까지 편의상 은유와 환유를 구분하여 따로 다루었지만, 실제 우스개 구성체에는 이 두 비유법이 상호작용하는 경우도 있을 것이다. 이와 관련한 문제는 앞으로의 연구 과제로 남겨둔다.

Ⅵ 말장난과 유머

6

말장난과 유머

언어와 유머의 상호작용에 대한 고찰에서 빠뜨릴 수 없는 중요한 영역은 이른바 '말장난(언어유희, wordplay)'이다. 이 가운데서도 특히 '펀(pun)'(말장난과 펀의 개념 구분은 뒤에서 상론된다)은 우스갯소리를 만드는 데 중요한 역할을 한다. 일반적으로 말장난이나 펀을 이용한 우스갯소리는 그렇지 않은, 서술되는 상황 중심의 우스갯소리보다 '저급'하고 덜 웃긴다는 통념이 지배적인 것 같다. 그러나 다음과 같은 '세계에서 가장 웃기는 우스갯소리(The World's Funniest Joke)'(BAAS 2002)는 펀에 기초하고 있다(이 우스개 선정 작업은 2002년 영국 과학진흥협회에서 '과학의 해' 행사 일환으로 기획된 것이다).

> A couple of New Jersey hunters are out in the woods when one of them falls to the ground. He doesn't seem to be breathing, his eyes are rolled back in his head. The other guy whips out his cell phone and calls the emergency services. He gasps to the operator: 'My friend is dead! What

can I do?' The operator, in a calm soothing voice says: 'Just take it easy. I can help. First, let's make sure he's dead.' There is a silence, then a shot is heard. The guy's voice comes back on the line. He says: 'OK, now what?' (미국 뉴저지의 사냥꾼 두 명이 숲에서 사냥을 하고 있었는데, 그 중 한 명이 갑자기 땅에 쓰러졌다. 그는 숨을 쉬는 것 같지 않았고 눈도 까뒤집혀 있었다. 다른 사냥꾼이 휴대전화를 급히 꺼내 긴급구조 요청을 했다. 그는 다급한 목소리로 콜센터 직원에게 말했다. "제 친구가 죽었어요. 어떻게 해야 되지요?" 직원은 위로하는 듯 침착한 목소리로 말했다. "진정하세요. 저희가 도와드릴 겁니다. 먼저, **let's make sure he's dead.**" 잠시 침묵이 흘렀고 한 발의 총성이 들려왔다. 사냥꾼이 다시 전화로 말했다. "네, 했어요. 그 다음은요?"

이 우스갯얘기의 관건은 "let's make sure he's dead"에 있는데, 이것은 사실상 유머 효과를 살리는 쪽으로는 번역이 불가능하다. 이 문장은 이 이야기 문맥에서는 '(먼저) 그가 죽었는지 확인합시다'로 해석되는 것이 당연하다. 그런데 펀치라인("네, 했어요. 그 다음은요?")은 부조화를 야기함으로써 그 해석을 파기시킨다. 이 부조화는 문제의 문장이 '그의 죽음을 확실하게 해 둡시다'로 재해석됨으로써 해소된다. 이것은 "make sure"가 중의성(重義性, ambiguity)을 갖기 때문에 가능한 것이다.

이처럼 펀을 포함한 말장난이 우스갯소리와 같은 언어 유머에 널리 이용되고 있다. 이 책의 마지막 장에서는 펀과 말장난이 언어 유머에서 어떤 기능을 하고 어떻게 구체적으로 실현되는지를 살펴보려고 한다.

6.1. 말장난의 유머 기능

'말장난'은, 엄밀하게 말하자면, 유머만을 위한 언어 현상은 아니다. 그러나 놀이와 웃음 사이에 연관성이 있듯이, 말장난은 유머와 불가분의 관계를 맺고 있다. 말장난은 말 그대로 말을 장난스럽게 사용하는 것이다. 즉, 언어를 문법 규칙이나 사용 규범에 의도적으로 어긋나게 조작하여 사용하는 것이다. 이러한 일탈은 유희적으로 일정한 효과를 노리는 위반이며, 이를 위해서는 언어를 메타적으로 성찰할 수 있는 능력이 요구된다. 말장난은 영어권에서는 주로 "wordplay"(독일어로는 "Wortspiel")이라는 말로 지칭된다. 하지만 이 용어는 "word/Wort"가 갖는 '단어'라는 의미로 인해 실제로 단어, 성구, 문장 등의 다양한 층위에서 관찰되는 말장난 현상을 포괄적으로 지칭하는 데 부적합한 것으로 간주되기도 한다(예컨대, Nilsen & Nilsen 1978; Vater 2010). 그래서 대체 용어로 "language play"(독일어로는 "Sprachspiel")이 쓰이기도 하지만(예컨대, Crystal 2001; Vater, 2010), 이 용어는 비트겐슈타인이 이미 다른 의미, 곧 '말놀이'(놀이[게임]으로서의 언어)로 사용했고 보편화된 탓에 혼동의 우려가 있다. 이런 점에서 볼 때는 한국어 "말장난"은 적절한 용어로 생각된다.

말장난은 전통적으로는 주로 문학 텍스트에서 관찰되고 논의되어 왔다. 하지만 말장난은 그 밖의 다양한 텍스트 장르에서도 두루 나타나며, 일상 커뮤니케이션에서도 자주 발현되는 보편적인 현상이다. 그런 만큼 말장난은 기능도 다양하다. 예컨대, 언어예술에서는 미학적-시적 기능을 발휘한다. 광고에서는 메시지를 소비자에게 효과적으로 전달하여 각인시키는 기능을 한다. 또한 말장난은 언어사용자로 하여금 외설적인 금기어를 은폐적으로 사용할 수 있게도 해 준다. 그렇지만 언어유희의 주된 기능은 무엇보다도 재미, 웃음 등과 결부되는 유머 기능이 아닐까 한다. 그런데 말장난에 대한 기존의 논의를 보면, 문학 텍스트, 광고, 미디어, 일상에서 창의적으로 생산되는 신조 언어표현과 그 개별 용례에 주목한 연구들이 대부분이다(예컨대, 구명철 2001; 성호주 1992; 손세모돌 2006; Culler 1988; Janich 2010; Nilsen & Nilsen 1978; Poethe 2002; Vater 2010; Zirkner & Winter-Froemel 2015). 유머(언어)학에서는 말장난, 그 중에서 특히 '펀(pun[ning])'의 유머 효과에 각별히 주목해 왔다(예컨대, Alexander 1997; Attardo 1994; Chiaro 1992; Guidi 2012; Hempelmann 2004). 그 이유는 무엇보다도 펀이 우스갯소리에 널리 이용되기 때문일 것이다.

영어권에서 "pun(ning)"이라는 용어는 "wordplay"와 같은 의미로 사용되기도 한다. 그러나 엄밀히 보자면 "wordplay"는 "pun"을 하위 유형으로 포함하는 상위 개념이다. "pun"은 일반적으로 소리의 같음/비슷함, 다의성 등으로 인해 다양한 언어학적 분석층위에서 발생하는 중의성에 의존하는 것이다. 그런데 "wordplay"는 그 이외의 다른 방식들(예컨대, 두운/각운 맞추기, 두음 전환, 말투 바꾸기 등)도 포함하는 것이다.

이렇게 펀을 포함한 말장난에 의한 유머는 관련 문헌에서 다양한 명칭을 통해 지칭되어 왔다. 개념 및 용어, 구분 기준 등에 문제가 없는 것은 아니지만(Dynel 2009: 117이하), 말장난 유머는 일찍이 키케로가 구분한 "말에서 비롯한(de dicto)" 유머와 "일에서 비롯한(de re)" 유머 가운데 대체로 전자에 해당한다. 또한 말장난 유머는 프로이트(Freud 1905)의 "말 우스갯소리(Wortwitz)"와 "생각 우스갯소리(Gedankenwitz)" 가운데 전자와 일치한다. 그리고 이러한 전통은 이후에도 이어져서, 예컨대 가우거(Gauger 2006)는 "언어 우스갯소리(Sprachwitz)"와 "사물 우스갯소리(Sachwitz)"를 구분했다.[1] 아타르도(Attardo 1994)도 "언어 유머(verbal humor)"와 "지시 유머(referential humor)"(또는 "언어 우스갯소리[verbal joke]"와 "지시 우스갯소리[referential joke]")를 구분했는데, 말장난 유머는 전자에 해당한다. 그러나 "언어 유머(verbal humor)"는 일반적으로 언어라는 기호체계를 통해 표현되고 전달되는 유머로 이해되고, 언어 이외의 기호체계(동작, 이미지 등)에 의한 "비언어 유머(non-verbal humor)"와 대비된다. 따라서 언어 유머는 말장난 언어유머와 그렇지 않은 언어 유머를 모두 포괄하는 것이 된다. 이런 문제로 말장난 유머를 별도로 지칭하기 위해 "언어학적 유머(linguistic humor)"(예컨대, Alexander 1997; Dynel 2009; Milner 1972; Raskin 1985)라는 용어가 사용되기도 한다. 이 책에서 여러 가지 혼란을 피하기 위해 좀 더 명확한 것으로 생각되는 "말장난 유머"라는 용어를 사용한다.

앞에서 언급했듯이, 말장난 자체는 다양한 영역에서 다양한 기능을 행사하며, 유머 기능은 그 가운데 하나일 뿐이다. 그래서 말장난은 유머러스할 수도 있고, 그렇지 않고 진지할 수도 있다. 예컨대 (a)는 유머러스한 말장난이고, (b)는 유머러스하지 않은 말장난이다.

(a) **Eifersucht** ist eine **Leidenschaft**, die mit **Eifer sucht**, was **Leiden schafft**.

'질투는 고통을 가져다주는 것을 열심히 추구하는 열정이다.' (Gauger 2006: 24)

---

1) 사실 뢰리히(Röhrig 1977)가 "Wortwitz"와 "Sachwitz"라는 용어를 사용했다. 하지만 그는 오늘날 "verbal humor"와 "non-verbal humor"에 상응하는 개념으로 이해했다.

(b) Die **Stadt** der **Wissenschaft** ist eine **Stadt**, die **Wissen schafft**.[2)]

'학문의 도시는 지식을 만드는 도시이다.'

(a)는 프로이트(Freud 1905: 35)에 인용된 것으로서 독일의 신학자 프리드리히 슐라이어마허(Friedrich Schleiermacher: 1768~1834)가 말했다는 우스갯소리이다. 여기서는 같은 소리를 반복하는 기법을 통해 유머 효과에 기여하고 있다. 그래서 번역을 해서는 그 효과를 살릴 수 없는 경우가 많다. (a)를 "질투는 고통을 가져다주는 것을 열심히 추구하는 열정이다"와 같이 번역하면, 의도된 효과는 반감된다. 물론 말소리 반복을 실현할 수는 없어도 언어적 내용 자체가 어느 정도 주는 부조화로 해서 유머러스함이 완전히 사라진 것은 아니다. (b)는 (a)와 거의 같은 구조를 보이고 있음에도 불구하고 유머러스함보다는 재치가 느껴진다.

다음도 유머러스하지 않은 말장난의 예이다. 기독교 신약성서의 마태복음(16: 18)에 나오는 것으로서 예수가 시몬을 "베드로"로 부르면서 한 말이다.

*Tu es **Petrus**, et super hanc **petram** aedificabo ecclesiam meam ...*

(독역: Du bist **Petrus**, und auf diesen **Felsen** will ich meine Kirche bauen ...)

(국역: 너는 **베드로**라 내가 이 **반석** 위에 내 교회를 세우리니 ...)

(Gauger 2006: 26-27)

여기서 이름 "베드로"(라틴어 "Petrus")가 '바위'라는 뜻을 가진 말(라틴어 "petra")과 소리가 같은 말장난이 이용되지만 진지한 목적을

---

2) <http://www.nwzonline.de/oldenburg/wirtschaft/stadt-der-wissenschaft-die-wissen-schafft_a_3,0,3714484710.html>.

위해 쓰이고 있다. 그러나 이 구절의 독일어 번역이나 한국어 번역은 그러한 말장난을 살려 보이지 못하고 있다.

이하에서는 펀을 포함한 말장난 유머가 어떤 구체적인 형식으로 실현되는지 살펴볼 것이다. 그리고 말장난의 유머 효과에는 어떤 부조화-해소 메커니즘이 구체적으로 작동하는지도 고찰할 것이다. 크게 펀으로 실현되는 우스갯소리를 먼저 다루고(6.2), 이어서 그 밖의 말장난에 기초한 우스갯소리를 살펴보며(6.3), 끝으로 말장난에 기초한 우스개 구성체를 다룰 것이다(6.4). 우스갯소리 자료는 한국어 유머집에서 추출하였고, 우스개 구성체는 한국어와 독일어 예를 중심으로 하여 살펴볼 것이다.

6.2. 펀으로 실현되는 우스갯소리

말장난 유머는 다양한 유형의 언어 우스개로 구체화될 수 있다. 말장난은 우스갯소리(우스갯얘기, 우스개 수수께끼, 한줄 우스개 등)를 비롯하여, 다양한 형식의 우스개 구성체(조어, 성구, 구문)에서 실현될 수 있고, 유머 효과에서 결정적인 역할을 맡게 된다. 말장난에 의한 우스갯소리는 주로 펀(pun)으로 실현된다. 사실 펀은 일반적으로 특별한 종류의 우스갯소리로 이해되고 있다. 펀을 간단히 규정하면, 포함된 어떤 말소리 연속체(단어, 구, 문장)가 두 가지 의미를 지님으로써 유머 효과를 발생시키는 우스갯소리라고 할 수 있다.

물론, 말소리 연속체가 두 의미를 갖는다는 것은, 단어로 예를 들자면, 한 단어가 두 가지 의미를 갖는 다의성(多義性, polysemy), 소리(와 글자)는 같지만 서로 다른 단어로 간주되는 동형이의성(同形異義性, homonymy), 소리가 같지만 글자가 다른(그래서 서로 다른 단어가 되는) 동음이형성(同音異形性, homophony) 등 다양한 양상을 보일 수 있다. 나아가, 소리와 형태가 같지는 않지만 거의 비슷한 유형유음성(類形類音性, paronymy)도 펀으로서 실현될 수 있다.

먼저, 다의성을 이용한 펀으로 볼 수 있는 우스갯소리의 예는 다음을 들 수 있다.

> 숫자 4.5와 5가 있었다. 5보다 낮은 4.5는 항상 5를 형님으로 모시며 예의를 깍듯하게 차렸다. 그러던 어느 날 평소 그렇게 예의 바르던 4.5가 5에게 반말을 하며 거들먹거렸다. 그 모습을 본 5는 화가 나서 말했다.
>
> "너 죽을래? 어디서 감히!"
>
> 그러자 4.5가 째려보면서 대꾸했다.
>
> "까불지 마, 인마! 나 점 뺐어!"

이 우스갯얘기는 "점(點)"이란 단어의 다의성, 곧 '소수의 소수점'과 '사람 피부의 작은 얼룩'이라는 이중적 의미를 이용하고 있다. 펀치라인("나 점 뺐어!")에 의해 수학의 [소수] 틀에서 사람의 [피부] 틀로 갑자기 바뀌는 부조화가 발생하고, "점"이라는 단어가 다의성을 갖는다는 사실에 의해 부조화 해소가 이루어진다. 다시 말해, 이 우스갯얘기는 틀 겹치기를 특징으로 한다.

다의성은 단어 차원에서만 볼 수 있는 것이 아니라, 성구 차원에서도 관찰할 수 있다(예컨대, 아래 예의 "돈맛을 알다"). 즉, 어떤 성구가 자구적인 의미와 비유적인 의미를 동시에 갖는 경우를 들 수 있다. 대개는 원래 비유적인 의미로 사용되는 것인데 부차적으로 또는 억지로 자구적 해석을 갖게 하는 전략이 동원될 수 있다. 이 현상을 일컬어 '자구적 의미화(literalization)'라 할 수 있다.

엄마: 어떡해요? 우리 애가 목에 뭐가 걸렸어요.

의사: 한번 봅시다.

엄마: 뭐가 걸렸나요?

의사: 동전입니다.

엄마: 어떻게 하죠?

의사: 글쎄 말입니다.

엄마: 진짜 위급한 상황이라구요.

의사: (혼잣말로) 조그만 게 벌써 돈맛을 알아가지고.

동형이의성을 이용한 우스갯소리로서의 펀은 다음과 같이 매우 흔하게 볼 수 있다.

라면과 참기름이 싸웠는데 얼마 후 라면에 경찰서에 잡혀갔다. 왜 잡혀 갔을까?

- 참기름이 고소해서.

이 펀은 우스개 수수께끼인데, 맛/냄새를 말하는 "고소하다"와 법률용어인 "고소(告訴)하다"가 소리가 같지만 의미가 다른 서로 다른 단어인 점을 이용하고 있다. 다음 예는 이 우스개 수수께끼에 스토리를 부여하여 같은 방식으로 확장시킨 버전은 다음과 같다.

라면과 참기름이 싸웠는데 얼마 후 라면에 경찰서에 잡혀갔다. 왜 잡혀 갔을까?

- 참기름이 고소해서.

조금 있다가 참기름도 끌려갔다. 왜 끌려갔을까

- 라면이 다 불어서.

구경하던 김밥도 잡혀갔다. 왜?

- 말려들어서.

동음이형성을 이용하는 편은, 소리는 같지만 서로 다른 꼴/구조로 해석되는 연속체 이용한다. 위 우스개 수수께끼에서 "라면이 다 불어서." 부분이 동음이형성의 예가 될 것이다. "불다"(사실대로 털어놓다)와 "붇다"(부피가 커지다)는 서로 다른 형태의 단어이지만 어형변화 "불어서"에서는 서로 소리가 일치한다. 다음 우스개 수수께끼도 동음이형성을 이용한 것이다.

(a) 한국의 드라큘라가 아침에 즐겨 마시는 음료는?

- 코피.

(b) 사람 가슴의 무게는 몇 근일까?

- 2근 + 2근 = 4근.

(a)에서는 '코에서 흘러나오는 피'를 뜻하는 "코피"와 "커피"의 구식스런 형태인 "코피"가 겹쳐 있음으로 해서 유머 효과를 갖는다. (b)에서 "두근거리다"의 "두근"과 무게 "두 근"은 소리는 같지만 구조가 다르다.

위의 '라면–참기름–김밥' 우스개 수수께끼는 다음이 추가됨으로써 계속 확장될 수 있다.

...

소식을 들은 아이스크림이 경찰서로 면회를 가다가 교통사고를 당했다. 왜?

- 차가 와서.

여기서는 유형유음성이 사용되고 있다. "차(車)가 와서"와 "(차갑다→)차가워서"는 소리가 서로 비슷하며 형태도 비슷해서 유머 효과를 내기 위해 쉽게 겹쳐진다. 그 밖의 예를 더 들어 보면 다음과 같다.

(a) 어느 날 강아지와 젖소가 싸움을 했다. 그런데 의외로 강아지가 싸움에서 이겼다. 젖소는 시무룩하게 "내가 졌소." 하고 말했다. 그러자 강아지는 의기양양한 표정으로 이렇게 말했다. "나 강하지?"

(b) 할머니가 집에 가려고 골목길을 막 들어서는데 뒤에서 무슨 소리가 들려왔다.

"같이 가, 처녀!"

할머니는 모른 척 했는데 그 목소리가 계속 따라오면서 잇달아 부르는 것이었다.

"같이 가, 처녀!"

얼굴이 빨개진 할머니가 걸음을 멈추더니, 목소리가 점점 가까워지자 배시시 웃으며 뒤를 돌아보았다.

그랬더니 어떤 아저씨가 뭔가를 보여 주며 이렇게 말했다.

"할머니, 얼마치 드릴까요? 갈치가 천 원이에요."

(c) 딸 둘에 아들 하나면 금메달, 딸만 둘이면 은메달, 딸 하나 아들 하나면 동메달, 아들만 둘이면 목(木)메달...

이러한 펀은 유행하는 우스갯소리로 나타날 뿐만 아니라, 유머러스한 효과를 주기 위해 다양한 영역에서 이용된다. 대체로 우스개 구성체 형태로 나타나는데, 이에 대해서는 뒤(6.4)에서 다시 다룰 것이다.

6.3. 그 밖의 말장난 우스갯소리

이처럼 펀은 말소리의 같음/비슷함을 이용하는 우스갯소리라 할 수 있는데, 넓게 보자면, 앞에서 살펴본 형태 외에도 서로 다른 언어들 사이의 소리 유사성을 이용하는 경우도 펀에 포함시킬 수 있을 것이다. 예컨대 다음과 같은 우스갯얘기를 보자.

어떤 외국인이 충청도 지방을 여행하다 이발소에 들렀다. 영어 한마디 못하는 이발사는 외국인이 들어오자 안절부절못했다. 어떻게 인사할까 망설이며 식은땀을 흘리던 이발사는 그냥 우리말로 인사하기로 마음먹고 용기를 냈다.

"왔슈?"

이에 외국인은 이발사가 서투른 영어로 '뭘 보느냐(What see you)?'고 묻는 줄 알고 앞의 거울을 가리키며 말했다.

"미러(Mirror)."

그러자 이발사는 알았다는 듯 고개를 끄덕였다. 한참 후 눈을 뜬 외국인은 소스라치게 놀랐다. 자신의 머리카락이 하나도 없는 것이 아닌가.

이러한 언어간 소리 유사성에 의한 펀은 우스갯얘기나 우스개 수수께끼에 자주 이용된다.

(a) 1970년대에 경상도 여학생들이 서울에 처음 와서 전철을 탔다. 전철이 신기한 듯 여학생들은 큰 목소리로 수다를 떨었다. 옆에서 이를 듣고 있던 서울 여학생들이 참다못해 한 마디 했다.

서울 여학생: "좀 조용히 해 줄래?"

경상도 여학생: "이기다 니끼다 이기가?"(이것이 다 네 것이다 이 말이냐?)

그러자 옆에 있던 서울 여학생의 친구가 소매를 끌며 조용히 속삭였다.

"거 봐, 내가 일본 사람이라 그랬잖아!"

(b) 일본 최고의 낚시꾼 삼형제 이름은? - 다나까, 나카타, 미끼사와.

일본에서 가장 마음 약한 자매 이름은? - 우야꼬 우짜꼬 자매.

인도 최고의 교육자는? - 알간디 모르간디.

프랑스 최고의 애주가는? - 공드레 망드레.

돈의 세 종류는? - 호주머니, 슬그머니, 에구머니.

(c) '헷갈린다'를 일본말로 하면? - 아리까리.

프랑스어로 하면? - 알송달송.

독일어로 하면? - 에메모흐.

아프리카말로 하면? - [가슴을 두드리며] 깅가밍가 깅가밍가.

유머러스한 말장난은 언어의 사용 규칙을 의도적으로 위반함으로써 유머 효과를 얻는 것이다. 그런데 이러한 말장난에는 장난스런 유머 모드 내에서만 성립하는 언어 규칙을 새로 만드는 것도 포함된다. 예컨대, 펀의 경우에 살펴보았듯이, 어떤 말이든 소리가 같으면(또는 비슷하면) 뜻도 같다는 사이비 규칙이 대표적일 것이다. 이렇게 해서 같은/비슷한 소리는 한 언어와 다른 언어 사이에서 찾아질 수 있고, 이때 한 언어에서 설정된 의미가 다른 언어에서도 적용된다는 그럴싸하지만 잘못된 추론이 발생한다.

이와 유사한 상황은 같은 언어 내에서도 발생할 수 있다. 예컨대, 한국어에는 중국 한자와 한문에서 유래하는 이른바 '사자성어(四字成語)'가 매우 많다. 그런데 보통 한글로만 표기되어 사용되는 사자성어는 그 고정된 의미가 있음에도 불구하고 새로운 (엉터리) 해석의 유혹을 일으킨다. 사자성어의 원래 의미를 완전히 이해하려면 어려운 한자와 유래에 대한 (전문가적인) 지식이 필요하며, 한글로 된 한 글자는 같은 소리를 가지나 뜻이 다른 수많은 한자들을 하나로 합쳐놓은 것과 다름없다. 이러한 두 가지 상황은 사자성어를 자의적으로 해체하고, 고유어와 하나가 되게 하고, 새롭게 의미 부여할 수 있는 펀의 토대가 될 수 있다.

현상유지: 현상수배자가 잡히지 않고 그대로 있음

불로소득: 불로 얻는 소득으로서 불타서 생긴 손해액보다 더 많이 타는 보험금

부당해고: 부유한 사람들이 당연한 듯이 해대는 고약한 버릇.

요조숙녀: 요리법과 조리법에 숙달된 여자

어떤 표현에 대한 유머러스한 임의 재해석은 이른바 '삼행시(三行詩)'라는 형식의 말장난으로도 구현된다. 예컨대 다음 예는 특정 정치인의 이름을 운(韻처)럼 대고 그를 유머러스하게 풍자하는 경우라고 할 수 있다.

전: 전 대머립니더.

두: 두발이 없다는 뜻이지예.

환: 환장하겄어예.

또한 말장난에는 기존의 명칭을 다른 명칭으로 유머러스하게 바꾸기가 있는데, 예컨대 어려운 한자말이나 외래어를 순우리말로 바꾸기와 같은 것이 있다.

팬티: 으뜸 부끄럼 가리개

브래지어: 버금 부끄럼 가리개

넥타이: 목댕기

키스: 주둥아리 박치기

대통령배 쟁탈전: 임금님 사발 빼앗아 먹기

언어 규칙이나 사용 규범을 장난스럽게 위반하는 식으로 우스갯소리를 구성하는 것은 위에 제시된 것 외에도 매우 다양한 형식으로 실현될 것이다. 여기서는 말장난 우스갯소리의 일반적인 성격을 조망하는 데 목적이 있으므로 체계적인 분류보다는 몇 가지 사례를 보여주는 것으로 만족해야 할 것 같다.

6.4. 말장난에 의한 우스개 구성체

이처럼 말장난 우스개는 이미 만들어져 유통되는 비교적 짧은 텍스트인 우스갯소리의 형태로 나타나기도 하지만, 대화 중에 즉석에서 창의적으로 생산되는 대화 우스개의 형태로 실현되기도 한다. 그러나 여기서는 자료 확보와 관찰이 용이하지 않은 대화 우스개보다는 이러한 창의적인 말장난이 반복적으로 사용되어 관습화됨으로써 사전에 어휘화되어 수록된 유머러스한 표현들을 중심으로 살펴보고자 한다. 다시 말해, 여기서는 단어와 성구를 언어 유머의 최소단위로 간주하면서 단어 및 성구가 어떻게 자체적으로 유머 효과를 유발할 수 있는지를, 곧 말장난에 의한 우스개 구성체를 살펴보려고 한다. 그동안 유머언어학은 주로 유통되는 우스갯소리와 대화 유머를 통해 텍스트(의 생산과 이해의) 차원에서의 유머 현상을 탐구해 왔다고 할 수 있다. 하지만 언어 유머는 텍스트 차원에만 국한되는 현상이 아니라, 텍스트에 구성요소로서 투입되기 이전의 단어/성구 차원에서도 관찰할 수 있는 현상이다. 좀 더 쉽게 말하자면, (어휘적/성구적)구성체가 구성체로서 구성될 때 그 자질상의 특성으로 해서 유머러스함을 띠게 되는 점에 주목하는 것이다.

말장난에 의한 우스개 구성체는 한국어에도 매우 풍부하게 형성되어 있을 것이다. 예컨대, 한국어에 "뱃놈 배 둘러대듯"이란 성구가 있는데, 상황에 따라 이리저리 말을 잘 둘러대는 모양을 이르는 말이다. 이 표현에서는 "배를 돌려대다"와 "말을 둘러대다"가 음성 유사성에 의해 겹쳐지는 펀이 이용되고 있다. 하지만 한국어의 경우는 아직 체계적인 조사가 미흡한 상황이어서, 비교적 조사가 간편한 독일어를 예를 중심으로 하여 말장난 우스개 구성체의 성격을 짚어보고자 한다. 독일어 구성체의 예는 『두덴 독일어 대사전(Duden-GWDS 2012)』

에 “scherzhaft”(‘유머러스한’)로 표시되어 있는 표현들 가운데서 말장난에 기초한 것으로 판단되는 것들에서 추출한 것이다. 말장난에 기초한 독일어 우스개 조어에 대해서는 이미 강병창(2016)에서 다룬 바 있다. 여기서는 이것을 수용하면서 발전시키고 관찰대상을 성구로까지 확장시켜 보려고 한다. 필요한 경우에는 한국어 예도 추가적으로 제시하고자 한다.

6.4.1. 말장난 우스개 조어

말장난 유머를 실현하는 기법은 매우 다양하지만 조어에 활용될 수 있는 형식들은 다소 제한되어 있다. 이 말장난 형식들이 유머를 위한 부조화 유발과 관련하여 각각의 조어 방식과 조어의 의미관계에 따라 어떻게 이용되고, 부조화 해소의 메커니즘은 어떠한지 살펴볼 필요가 있다. 말장난 유머가 조어 자체에서 구현된다면, 구체적인 조어 방식, 곧 합성, 파생, 단축, 혼성 등에 따라 유머 경험에 필수적인 부조화의 인식 및 해소의 양상이 다소 상이하게 나타날 것이다.

1) 합성

합성(compounding)은 대표적인 조어 방식으로서 독일어와 한국어에서 매우 흔하게 볼 수 있다. 흔히 합성어 AB는 A와 B 사이에 성립할 수 있는 의미관계가 매우 다양해서 그 전체 의미를 파악하는 것이 힘든 경우가 많다. 한정합성어의 경우, AB의 의미는 ‘A와 관계하는 B’라는 추상적인 규정만 적용될 뿐이다. 여기서 은유, 환유 같은 비유까지 작용하면 그 의미관계 파악은 더욱 더 어려워진다. 그래서 자구적 의미와 비유적 의미를 동시에 갖는 합성어는 말장난 우스개로 활용될 가능성이 농후해진다.

예컨대 다음과 같은 경우를 말장난 우스개 합성어로 간주할 수 있겠다.

(a) Arbeiterforelle <노동자.송어>: '노동자들이 즐겨 먹는 송어' ⇒ '노동자들이 송어라 여기고 먹는 물고기'('청어')
(b) Teutonengrill <독일인들.그릴>: '독일인들이 애용하는 그릴' ⇒ '독일인 휴가객들이 그릴 위에 놓여 굽히듯이 대규모로 일광욕을 즐기는 해변'
(c) Blitzmarathon <번개.마라톤>: '예고 없이 즉석에서 개최되는 마라톤' ⇒ '번개처럼 번쩍이는 촬영을 하는, 마라톤 같은 대대적인 긴 행사(예고된 전국규모 24시간 과속단속)'[3)]

여기서는 (문맥이 고려되지 않을 때) 합성어의 특정 구성요소가 자구적으로도 은유적으로도 해석될 수 있다. 이렇게 해서 의도적으로 합성어 전체의 자구적 의미와 은유적 의미가 겹치는 중의성 발생하고, 이것이 유머러스함을 위한 부조화의 요인이 된다. 즉, 기대되는 합성의미와 실제로 의도된 합성의미 사이에 괴리가 발생하여 부조화가 유발되고, 이 의미들 사이의 의미 동기가 찾아짐으로써 부조화 해소가 이루어지고 유머 효과가 얻어지는 것이다.

다음은 원래 자구적 의미로 쓰이던 것이 비유적으로 재해석되어 쓰임으로써 유머 효과를 보이는 예들이다.

(a) Lumpensammler <넝마.모으는_사람>: 1. '넝마주이' ⇒ 2. '밤늦게 넝마 같은 행색이 된 승객들을 모아 태워 주는 것'('막차')
(b) Hungerturm <굶주림.탑>: 1. '굶주림과 함께 지내는 탑 속의 감옥' ⇒ 2. '굶주

---

3) 이 예는 최근의 신조어로서 OWID 독일어 신조어 온라인 사전(http://www.owid.de/wb/neo/start.html)에 유머러스한 것으로 등록되어 있다.

림에 시달린 듯 마르고 탑처럼 키 큰 사람'

(c) Migränestift <편두통.스틱>: 1. '편두통이 있을 때 관자놀이를 문지르는 스틱 같이 생긴 약' ⇒ '머리에 편두통과 같은 통증을 유발하는 스틱('경찰 곤봉')'

또한 자구적 의미로 이해되는 또는 공시적으로 볼 때 의미적 동기가 다소 희박해진 합성명사가 또 다른 자구적 의미의 합성명사로 재해석됨으로써 유머 효과를 일으킬 수 있다.

(a) Mittelalter <중(中:).세(世)>: 1. '중세' ⇒ 2. '중(中)년(年)의 사람'

(b) Eisbein <얼음.발>: 1. '(얼음 지치는 스케이트로 쓸 만한 다리뼈가 있는) 족발 요리' ⇒ 2. '얼음처럼 차가운 발'

(c) Mitesser<함께.먹는_이>: 1. '여드름'(여드름은 피부에 들어가 양분을 함께 먹는 벌레라는 미신에서 유래) ⇒ 2. '남의 집에서 함께 먹는 사람'('식객')

물론 독일어와 유사한 사례는, 체계적인 조사가 필요하겠지만, 한국어에서도 찾아볼 수 있을 것이다. 예컨대, 유행어로 쓰이는 "후방 주의"는 보통 자동차 주차를 할 때 많이 쓰이는 말이지만, '컴퓨터로 무엇을 몰래 볼 때 뒤에 누가 있는지 조심함'이라는 새로운 의미로 많이 쓰이고 있다.

2) 파생

파생(derivation)은 기저(base)가 되는 말에 다양한 종류의 접사(affix)가 붙어서 새로운 단어가 얻어지는 것이다. 유머러스한 파생어는 대체로 말장난의 성격을 띤다. 접사 붙이기의 독특한 방식과 접사 자체의 특이성이 파생어의 장난스러움과 유머러스함을 결정한다고 할 수 있다. 접사 붙이기의 독특한 방식은 접사가 적용되는 기저가 기존의 패턴과 다르게 선택되는 것이고, 접사의 특이성은 특정 접사에서 원래의 고유 성질이 변질되는 것이거나 그럴싸한 새로운 접사가 만들어져 적용되는 것이다.

(a) Gatterich '남편' (⇐ Enterich '수컷 오리', Gänserich '수컷 거위')

(b) unkaputtbar '망가지지/고장나지 않는'

(c) -itis <-염(炎)>: TelefonItis, Rederitis, Flitzeritis (⇐ Hepatitis '간염')

(d) Mechanikus, Politikus, Studiosus; Pfiffikus, Phlegmatikus

(e) Nackedonien '[나케(나체)도니아(나라) →] 나체 해변'; Balkonien '[발코니아(발코니 나라/섬) →] 집'(예: Urlaub auf/in Balkonien '발코니아에서의 휴가')

(a)는 접사의 적용범위를 규칙에 벗어나게 확장시킨 예이다. 일부 동물 암컷 명칭에 적용되는 수컷으로 '성전환'하는 접미사 "-rich"가 사람에게 적용되어 부조화가 유발되고 있다. "Gatterich"에서는 사실 기저가 되는 "Gatte(남편)"가 이미 남성명사여서 접미사를 통해 남성명사로 성전환할 필요는 없으므로, "-rich"는 다만 동물적인 '수컷성'을 강조하는 효과를 추가로 갖는다고 할 수 있다.

(b)는 가능하지 않은 기저 형용사에 "un-"이 붙은 것일 뿐 아니라, 그 형용사 자체가 "-bar" 조어 규칙을 위반해서 나온 것이다. 접미사 "-bar"는 타동사 어간을 기저로 하여 형용사를 파생시키는 것이 원칙인데, 여기서는 그 규칙을 어겨 형용사 "kaputt"이 기저가 되었다(규칙에 맞게 만들자면, "unkaputtmachbar"가 되어야 할 것이다). 이 비문법적 파생형용사는 원래 1990년 초 코카콜라 광고에서 페트병이 깨지지 않음을 강조하기 위해 사용된 이후 유행하게 되어 두덴 사전(Duden-DWDS 2012)에도 수록될 정도가 되었다. 이 사전에는 유머러스하다는 평가가 명기되어 있지는 않지만, 이 파생형용사는, 글뤽

(Glück 1994: 267)도 지적하듯이, 광고언어에서 특징적으로 나타나는 위트와 유머가 있는 표현이라고 할 수 있다.

(c)에서는 외래 접미사 "-itis"(또는 "-ritis": 실제로 이렇게 끝나는 말이 많아[예: "Gastritis" 위염] 오해된 유사 접미사)는 원래 '염증'을 나타내는 의학용어를 만들어내는 것인데, 어떤 행동을 나타내는 고유 독일어와 결합함으로써 부조화를 유발한다. "Telefonitis"('전화[Telefon/telefonieren] 중독증')와 "Rederitis"('수다[reden]증')의 경우에는, 질병과 행동이 은유적으로 연결되고 그 행동이 거의 병적으로 반복되는, 습관화된 행위로 이해됨으로써 부조화가 해소된다고 할 수 있을 것이다. '설사'를 뜻하는 "Flitzeritis"("flitzen"['매우 빠르게 이동하다'])의 경우는 고유어 "Durchfall"을 대체하면서 의학 전문용어 흉내를 유머러스하게 내는 것으로 이해할 수 있다.

(d)에서 "Mechanikus", "Politikus", "Studiosus"는 직업 종사자를 나타내는 말로서 각각 "Mechaniker"('기계공'), "Politiker"('정치가'), "Student"('대학생')를 유머러스하게 대신한다. "Pfiffikus", "Phlegmatikus"는 어떤 특성을 지닌 사람을 나타내는 말로서 '교활한(pfiffig) 사람', '무기력한(phlegmatisch) 사람'을 라틴어 남성명사를 흉내 내어 뜻하고 있다. 이 유머러스한 파생명사들에서는 라틴어의 고답적이고 점잖은 느낌이 그것과 거리가 먼 대상에 덧씌워지는 효과가 있는데, 이로써 유머를 위한 부조화가 강화된다고 할 수 있다.

(e)에서 "-nien"은 원래 나라/지역 명칭의 끝소리로서 친숙한 것인데, 마치 접미사처럼 사용되어 그럴싸한 나라 이름으로 들리게 하는 유머러스한 파생어를 만들고 있다.

한국어 신어(남길임 2014)에도 비슷한 경우를 발견할 수 있다. 예컨대, "고급지다"가 있는데, '고급스러운 멋이 있다'는 뜻으로 쓰인다. 접미사 "-지다"는 몇몇 명사 뒤에 붙어 그 명사가 뜻하는 성질이나 모양이 있음을 나타내는 형용사를 만든다("값지다", "세모지다", "멋지다" 등). 이 접미사는 이제 더 이상 조어 생산력이 없는데, 우스꽝스럽게 "고급하다"나 "고급스럽다"를 대체하거나 보완하고 있다.

3) 축약

축약은 보통 언어경제적인 목적에서 비교적 긴 본래 형태를 짧게 줄여서 새로운 어휘소를 만드는 것이다. 축약어는 원래 의미가 분명했던 본래의 완전형태(본딧말)로부터 자체적으로 의미를 지니지 않는 음절이나 글자로 형태가 축소되어 만들어지는 것이므로 의미 동기가 상실된다. 이로써 축약어의 본래 형태가 갖는 의미와 축약어가 주게 되는 뉘앙스가 중첩, 충돌하면서 부조화와 이에 따른 유머 효과가 발생할 수 있다. 예컨대 독일어 "Vokuhila"는 "vorn kurz, hinten lang"('앞은 짧고 뒤는 긴 [헤어스타일]')의 축약어인데, 본딧말을 회복할 수 없을 정도로 줄여진 것이어서 수수께끼 같은 효과를 줌으로써 유머러스함을 자아낸다.

유머러스함의 판단 문제는 남아 있지만, 다음과 같은 한국어 신어들에서도 비슷한 효과를 엿볼 수 있을 것 같다.

감튀: '감자튀김'

개파: '개강 파티'

개총: '개강 총회'

종파: '종강 파티'

금사빠녀: '금방 사랑에 빠지는 여자'

꼬돌남: '꼬시고 싶은 돌아온 싱글 남자'

남사친: '남자 사람 친구'('남[자]친[구]'과 구분하여, 친구 사이로 지내는 남자)

너곧나: '너의 의견이 곧 나의 의견이다'

닥눈삼: '닥치고 눈팅 삼 개월'

맛저: '맛있는 저녁'

베커상: '베스트 커플 상(賞)'

세젤예: '세상에서 제일 예쁜 아이'

와친남: '와이프 친구 남편'

완얼: '완성은 얼굴'

임고생: '임용 고시 준비생'

혼밥: '혼자서 먹는 밥'

이러한 축약은 합성이나 파생 같은 다른 조어방식과 제휴하여 신어를 만들기도 한다. 예컨대, "부먹파"와 "찍먹파"는 축약과 파생의 혼합을 보이는 예인데, 탕수육을 먹을 때 소스를 '부어 먹는' 사람 집단과 '찍어 먹는' 사람 집단을 뜻한다. "예랑이"는 "예비신랑"의 줄임말 "예랑"에 접미사 "-이"를 붙여 예비신부가 예비신랑을 사랑스럽게 이르는 말로 쓰이고 있다.

4) 혼성

혼성(blending)은 앞서 살펴본 합성의 특징과 축약의 특징이 혼재하는 복잡한 조어법이다. 혼성은 두 낱말의 결합이기는 하되 순서에 따른 선형적 결합이 아니라, 앞 낱말에서 앞부분을, 뒷 낱말에서 뒷부분을 선택해서 결합하는 방식이다. 이 때 많은 경우 두 요소 중 일부가 중간에 겹쳐진다(예컨대, "*l*ion"과 "t*iger*"가 결합하여 "liger"가 얻어진다). 혼성은 주로 어떤 사물/사태에서 두 가지 (이질적인) 속성이 공존하는 것을 언어화하는 것으로 볼 수 있다. 이러한 혼성어는 실제 언어사용에서 일시적으로 만들어졌다 소멸하는 임시조어로 나타나는 경우가 많으며, 아주 제한된 범위에서만 어휘화되어 사전에 수록되기도 한다. 이 가운데 일부는 유머러스한 것으로 평가된 것들도 있다. 대표적인 독일어 예는 “Teuro”(← teuer ‘비싼’ + Euro ‘유로’: ‘도입되면서 물가상승을 체감하게 한 유로화’)를 들 수 있다.

한국어 신조어의 경우에는 혼성어가 가장 높은 비중을 차지하는 특징이 있다(비중의 분포는 혼성, 파생, 합성, 축약의 순서이다(남길임 2014: 6). 다음은 (유머러스하게 느껴지는) 한국어 신조 혼성어의 예들이다.

(a) 할마 <할머니 + 엄마>: ‘손주를 직접 양육하는 할머니’

(b) 할빠 <할아버지 + 아빠>: ‘손주를 직접 양육하는 할아버지’

(c) 셀기꾼 <셀프카메라 + 사기꾼>: ‘셀카로 찍은 사진이 실제 모습보다 더 예쁘거나 멋있게 나오는 사람’

(d) 갓수 <갓(god) + 백수>: ‘경제 활동을 하지 않고 부모가 주는 용돈으로 직장인보다 풍족한 생활을 하는 사람’

(e) 대프리카 <대(구) + 아프리카>: ‘여름에 다른 지역보다 기온이 높아 지나치게 더운 대구’

(f) 삼프터 <삼(三) + 애프터>: ‘선을 보거나 소개팅을 한 후에 남녀가 세 번째로 만남’

(g) 먹스타그램 <먹(다) + 인스타그램(Instagram)>: ‘자신이 먹은 음식 사진을 SNS에 올리는 일 또는 그러한 SNS’

(h) 넌치 <night + lunch>: ‘저녁과 다음 날 아침 사이의 늦은 밤에 먹는 추가적인 식사’ (우리나라에서 만든 말)

지금까지 말장난에 기초한 유머러스한 조어를 조어 방식별로 살펴보았는데, 이러한 조어들이 모두 네 가지 유형으로만 분류되는 것은 아닐 것이다. 여기서 다 다루지는 못했지만, 조어 방식의 규범을 크게 벗어나는 예들도 있는 게 분명하다. 예컨대 음성상징이라든지 단어 구성성분의 자의적인 재분석/재해석에 기초한 조어들도 있다. 예컨대 "강려크하다"는 거센 소리(/ㄱ/ → /ㅋ/)를 추가함으로써 "강력(强力)하다"보다 더 큰 강도를 전하는 말이 된다. 남녀 관계에 쓰이는 "삼귀다"는 "사귀다"와 관계있다. "사귀다"가 "사(四)귀다"로 '엉터리' 재분석됨으로써 "삼(三)귀다"가 가능하게 된다. 즉, "삼귀다"는 "사귀다"의 전단계로서 '아직 사귀지는 않지만 서로 가까이 지내다'의 뜻으로 쓰이는 것이다.

6.4.2. 말장난 우스개 성구

성구 차원에서도 말장난이 다양한 방식으로 적용되어 유머러스함의 효과를 일으킬 수 있다. 유머와 관련한 말장난 성구에 대해서는 아직 체계적으로 연구된 사례가 없는 것 같다. 여기서는 문제의 성격을 독일어와 한국어의 몇몇 예를 통해 일별해 보는 것으로 논의를 마무리하고자 한다.

성구 차원의 유머러스한 말장난이 먼저 말소리 같음/비슷함을 이용하는 편으로 실현되는 경우를 살펴보자. 독일어에서 아래의 직유 표현은 두덴 사전(Duden-GWDS 2012)에는 수록되어 있지 않지만 뢰리히(Röhrich 1977: 41)에 의해 유머러스한 것으로 제시되고 있다.

Sie ist **schlank wie eine Tonne.**

<그녀는 **드럼통처럼 날씬하다**(?)> '그녀는 뚱뚱하다.'

이 직유 성구에서는 비교점이 되는 "schlank"('날씬한')와 비교대상이 되는 "Tonne"('드럼통')가 부조화를 야기한다. 드럼통은 원래 '뚱뚱함'을 속성으로 갖기 때문이다("Sie ist eine Tonne.", '그녀는 뚱뚱

하다.'). 그래서 이것 자체만으로도 유머 효과를 보일 수 있다. 날씬함의 정도가 드럼통과 같은 용기의 둘레 크기 만큼이라면 결국 매우 뚱뚱하다는 뜻이므로 이로써 부조화가 해소되어 유머 효과가 생기는 것이다. 하지만 이 직유 표현을 더욱 유머러스하게 만드는 것은 원래의 직유 표현인 "schlank wie eine Tanne"(<전나무처럼 날씬한>)가 겹치는 것이다. 여기서는 "Tonne"('드럼통')와 "Tanne"('전나무')의 음성 유사성이 관건이 된다.

다음 예에서는 '두운 맞추기(alliteration)'의 말장난이 사용되고 있다.

Das ist doch **klar wie Klärchen**.

<그것은 **클레어헨처럼 분명하다**(?)> '그것은 자명하다.'

여기서는 비교대상을 나타내는 말 "Klärchen"('클레어헨[여자이름]')과 비교점을 나타내는 말 "klar"('분명한')이 두운 맞추기를 보이고 있다. 그런데 이 표현은 논리의미적으로는 이해할 수 없는 이상한 비교가 되므로 부조화를 유발한다. 하지만 사람이름 "Klärchen"(여자이름 "Klara"의 축소형으로서 애칭)의 라틴어 어원("clarus")의 의미가 '밝다'이고, 이것과 "klar"('분명한')와의 연결 관계가 어느 정도 형성됨으로써 부조화가 해소되고 유머 효과도 생긴다.

앞(6.2)에서 우리는 비유적인 표현을 자구적으로 해석함으로써 우스갯소리를 만드는 것을 보았는데, 이러한 유머러스한 '자구적 의미화(literalization)'가 성구 차원에서도 실현될 수 있다.

(a) Er ist **blau wie ein Veilchen**.

<그는 **제비꽃처럼 퍼렇다**> '... 만취했다.'

(b) Er ist **gespannt wie ein Regenschirm.**

<그는 **우산처럼 팽팽해져 있다**> '... 기대에 부풀어 있다.'

(c) Er ist **gerührt wie Apfelmus.**

<그는 **사과 소스처럼 휘저어져 있다**> '... 아주 감격해 한다.'

(d) Er **strahlt wie ein Vollmond/wie ein frisch geputzter Dreckeimer.**

<그는 **보름달/깨끗이 닦은 쓰레기통처럼 빛난다**> '... 매우 기뻐한다.'

여기서 진하게 표시된 표현들은 모두 관습적인 직유로 이해된다. 이 표현들에서는 비교대상을 나타내는 구가 없어도 비교점을 나타내는 표현들 자체("blau", "gespannt", "gerührt", "strahlen")가 이미 은유적으로 사용되는 것들이다. 여기서는 이 비교점 표현들의 자구적 의미가 비교대상 표현에 의해 생생하게 일깨워짐으로써 자구적 의미(원천영역)와 비유적 의미(목표영역) 사이의 은유적 대응이 다시금 활성화된다. 여기서 유머 효과는 목표영역과 원천영역이 분리되어 인지되는 데서 오는 부조화와 은유적 의미 해석에 의한 부조화 해소로 설명될 수 있겠다.

이러한 부조화 유발/해소 전략은 한국어에서도 발견할 수 있다. 관습적인 직유 표현으로 굳어진 것은 아니지만, 작가의 창의성에 의해 만들어진 예로 다음을 들 수 있다.

(a) 익삼 씨가 버럭 화를 내는 바람에 종술은 **비 맞은 삼베옷처럼** 단박에 **풀이 죽었다**(윤흥길, 『완장』).

(b) 민주를 보러 온 사람들이 **냄비 속 찌개처럼 바글[댔다]**. (성석제, 「찬미」).

(a)에서 "풀이 죽다"는 원래 '기운 없이 시무룩해지다'라는 관용적인 뜻으로 이해되는 것이다. 그러던 것이 "비 맞은 삼베옷"을 만나면

서 옷가지가 빳빳해지도록 먹이는 풀을 생생하게 떠올리게 해 준다. 여기서 '비 맞은 삼베옷'과 '시무룩함' 사이에 부조화가 잠시 생긴다. 그런데 '풀기가 빠져 후줄근해진 옷'과 '기운 빠진 시무룩한 표정' 사이의 유사성에 의해 부조화가 해소되고 유머러스함이 느껴진다. (b)의 "바글대다"는 그 자체만으로도 '벌레들의 바글댐→사람들의 바글댐'의 의미확장을 기본적으로 연상해 주는 것이기는 하다. 하지만 '액체/거품의 바글댐'의 이미지로까지는 쉽게 연결되지 못한다. 그러나 "냄비 속 찌개"를 통해 그 이미지가 일깨워지고, '액체의 끓음'과 '사람들의 모임'이 개념적으로 잠시 부조화를 일으킨다. 하지만 "바글댐"에서의 유사성('액체의 바글댐'과 '사람들의 바글댐')을 통해 부조화가 다시 해소되고 유머 효과가 얻어진다.

그 밖에도 유머러스한 말장난은 같은 소리의 반복적 연속을 통해서도 얻어질 수 있다. 다음 예들에서 진하게 표시된 부분들은 억양의 차이는 있을 수 있지만 모두 같은 소리로 읽힌다.

(a) Wenn **Fliegen fliegen, fliegen Fliegen Fliegen** nach.

<파리들이 날면 파리들이 파리들 뒤를 쫓아 난다>

(b) Wer nichts **wird, wird Wirt**.

<아무것도 되지 못하는 자는 술집주인이 된다>

사실 유머러스한 말장난은 구성체 차원에서 실현될 때 다양한 용도로 이용될 수 있다. 관습적인 고정된 성구적 표현이므로 일상의 대화 상황에 투입되어 쓰일 수도 있고, 용도에 맞게 창의적으로도 변형, 활용되어 쓰일 수도 있다. 비근한 예로, 번역을 해 놓고 마음에 들지 않을 때 "이건 번역이 아니라 반역이야!"라고 말하면 펀이 될 수 있다. 정치 담론에서는 예컨대 "공약(公約)이 공약(空約)이 되었다", "비례(比

例)대표가 비례(非禮)대표가 되었다”와 같은 말도 비슷한 사례가 될 수 있다. 펀은 광고에서도 단골로 등장하는 유머 장치이다. 예전에 모 회사의 CF에서 할머니가 “디지털”을 “돼지털”로 알아듣는 장면을 예로 들 수 있다. 이것은 “디지털 세상에서 돼지털 신세가 되지 말자”와 같이 응용된 표현으로도 발전할 수 있다. 얼마 전 어느 치킨 광고에 나온 “너 어디서 반마리니? – 아니아니, 치킨은 한 마리지.”와 같은 펀도 주목을 끈 적이 있다. 또한 가게 등의 이름을 지을 때도 펀을 이용하는 경우를 드물지 않게 볼 수 있다. 구두 가게 이름을 “Body and Sole(<육체와 발바닥>)”로 지은 사람은 “Body and Soul(‘육체와 영혼’)”을 염두에 둔 것이다. 젊은 청년들이 창업한 정육점 이름이 “소 돼지와 아이들”이라면, 이것을 보는 사람 가운데는 “서태지와 아이들”을 떠올릴 수도 있다.

에필로그

이 책에서는 언어와 유머 사이의 관계와 상호작용을 언어 우스개의 다양한 모습을 통해 가늠해 보려고 하였다. 인간은 언어와 유머가 종차(種差)가 될 만큼 무엇보다 이 두 가지에 의해 규정되는 존재라고 할 수 있다. 유머는 매체 또는 기호 중립적인 것이지만, 늘 어떤 특정한 기호/매체의 매개로 구현되는 현상이다. 그러한 기호 가운데 가장 대표적인 것이 언어이며, 언어로 구현되는 언어 유머는 비언어 유머와도 상호작용할 수 있는 것이지만, 이 책에서는 언어 유머에 초점을 맞추었다. 유머는 본질적으로 마음의 현상이지만, 여기에는 '우스개'라는 외부의 자극이 있어야 하고, 특정한 사회적, 문화적 맥락에서 이 우스개가 수용자에 의해 해석됨으로써 수용자에게 '우스움'이라는 감정이 생겨야 한다. 이 유머 감정은 '웃음'으로 표출될 수도 있다. 그렇다고 모든 웃음이 유머의 표출인 것은 아니다. 이런 우스개–우스움–웃음의 유머 현상을 설명하려고 하는 이론은 매우 많다. 어떤 연구자는 이런 상황을 '장님이 코끼리 만져 말하는' 격이라고 평하기도 한다. 이 책에서 부조화-해소 이론에 기초하여 언어 우스개의 특성을 분석해 보았다.

언어 유머와 언어 우스개에 대한 언어학적 연구('유머언어학')는 본격적으로 시작된 지가 얼마 되지 않으며, 주로 유통되는 우스갯소리의 분석에 주력해 왔다. 오늘날에는 연구대상 영역이 확장되어 유머러스한 내러티브, 대화 우스개 등에 대한 관심이 커지고는 있으나, 대체로 산발적이고 체계적인 우스개 유형 분류에 기초한 연구는 매우 드문 편이다. 우스개의 다양한 유형에 대한 발굴 작업이 아직도 필요한 듯 보인다. 이 책에서는 그러한 문제를 의식하여 개괄적으로나마 완벽하지는 않지만 나름의 우스개 유형 분류를 시도해 보았다. 이 과정에서 개인적으로 느낀 소감과 여담이지만, 한국어에는 다행히도 영어에서 번거롭게 "humorous stimuli"로 표현할 수밖에 없는 것에 해당하는 적절한 단어, 곧 "우스개"가 있다는 것이 큰 도움이 되었다. 그래서 이를 바탕으로 연관성 있게 다양한 용어("언어 우스개", "비언어 우스개", "우스갯소리", "우스갯얘기", "대화 우스개" 등)를 도입할 수 있었다. 또한 유머 현상의 중심이 되는 유머 감정(이것도 고정된 영어 표현이 없는 어휘공백이 되고 있다)을 '우스움'으로 규정한 것도 나름의 수확으로 볼 수 있겠다.

유머언어학이 만들어진 우스갯소리의 분석에 치중해 왔다는 비판이 있지만, 그렇다고 이런 종류의 우스개를 등한시할 수 없는 것도 사실이다. 이 책에서는 이러한 우스갯소리의 세부 유형과 구조에 주목하고, 유머 효과를 일으키는 다양한 부조화-해소 방식에 초점을 맞추었다. 유통되고 있는 우스갯소리 코퍼스를 조사해 본 결과, 우스갯소리의 부조화-해소 유형을 대략 다섯 가지(틀 바꾸기, 틀 고치기, 틀 밝히기, 틀 망치기, 틀 겹치기)로 구분해 볼 수 있었다. 앞의 세 가지는 기존에 흔히 거론된 것이라면, 뒤의 두 가지는 관련 문헌에서 별로 언급되지 않았던 것으로 보인다.

이 책에서 비중 있게 다룬 주제는 비유와 유머 사이의 상호작용이다. 비유는 언어 현상으로서도 매우 복잡한 양상을 보이는데, 이것은 유머에 필요한 부조화를 생성하는 데 적합한 성격을 띠고 있다. 기존의 (인지)언어학에서는 은유, 환유 등 비유의 문제를 많이 다루어 왔지만, 유머와의 관련성에는 별로 주목하지 못했다. 이 책에서는 유머

언어학의 주요 주제영역 가운데 하나로서 유머러스한 비유와 그 조건에 대한 문제를 다루어야 할 필요성을 역설하고 구체적인 사례 연구를 수행하였다. 특히 우스개의 최소단위로서 어휘 층위의 우스개(조어, 성구 등의 구성체)에 주목하면서, 여기에 비유가 개입할 때 부조화 생성 메커니즘이 어떻게 작동하는지를 살펴보았다. 이렇게 어휘 층위에 주목함으로써 살피지 못한 부분은 비유(또는 이와 유사한 비교, 유추, '빗댐') 자체가 우스갯소리의 구성에도 효과적인 장치로서 이용되는 점이다(예컨대, '...와 ...의 공통점은?' 우스갯소리). 이 문제는 비유-유머 상호작용 연구에서 앞으로 연구되어야 할 부분이다. 또한 이 책에서는 관습적인/어휘화된 비유 표현이 주요 분석대상이 되었지만, 앞으로는 대화 코퍼스 구축에 의한 대화 분석을 통해 창의적인 유머러스한 비유에 대한 연구가 필요할 것으로 생각된다.

끝으로, 이 책에서는 유머러스한 말장난(언어유희)도 유머언어학에서 다루어야 할 주요 영역으로 소개하였다. 말장난의 자체의 다양한 기능이 있지만, 유머 기능과 관련해서는 주로 동음이의성에 기초한 펀(pun)의 문제를 다루어왔다. 이 책에서는 펀의 유형을 좀 더 세부적으로 들여다보았고, 펀 이외의 다양한 말장난 형식에도 관심을 기울였다.

이 책에서는 기존의 조어와 성구로 구현되는 어휘 차원의 유머러스함에 주목할 때 주로 독일어 자료를 끌어들였는데, 자료에 대한 유머성 판단에서 좀 더 나은 객관성을 확보하기 위해서였다. 이것은 앞으로 한국어 자료를 분석할 때 좋은 토대가 되어 줄 것으로 믿는다. 한국어의 경우, 신어 가운데 일부를 예로 제시하기도 했는데, 이것은 가능한 출발점을 보여주었을 뿐 아직 본격적인 연구로 보기에는 미흡하다. 이 책에서 논의한 내용이 자극이 되어 한국어 신어의 유머성에 대한 체계적인 연구가 나오게 되기를 기대한다.

이 책을 마치고 보니, 유머라는 너른 바다에 작은 배 한 척 띄어 본 것 같은, 말을 타고 달리면서 산을 본 것 같은 느낌이 든다. 언어와 유머의 관계를 탐사해 보고픈 야심찬 계획을 세웠지만, 영역의 방대함과 문제의 아득한 깊이만 절감했을 뿐이다. 그리고 유머는 가볍지만 분석은 무거울 수밖에 없다는 것도 실감했다. 유명한 얘기이지만, 이와 관련하여 미국의 작가 화이트는 이렇게 말했다. "유머는 개구리처럼 해부해 볼 수 있다. 그렇지만 그 과정에서 개구리는 죽게 될 것이고, 거기서 꺼낸 내장은 순수 과학정신의 소유자를 제외한 모두를 낙담시킬 것이다"(White & White 1941: xvii).[1)]

1) "Humor can be dissected, as a frog can, but the thing dies in the process and the innards are discouraging to any but the pure scientific mind."

참고문헌

강미은. 2013. 『재지코드』. 파주: 21세기북스.

강병창. 2012. 한국어와 독일어의 <화>의 감정 은유에 대한 재고찰: 코퍼스 기반 인지언어학적 분석. 『독일언어문학』 56. 25-45.

강병창. 2013. 은유적 합성명사의 의미구성 유형에 대한 인지의미론적 고찰. 『인문연구』 68. 125-152.

강병창. 2014a. 내러티브 유머와 마이크로픽션의 결말구조 비교. 『독일어문학』 65. 21-45.

강병창. 2014b. 내러티브 유머에서의 부조화 인지 및 해소 방식. 『독어학』 29. 35-56.

강병창. 2014c. 독일어와 한국어의 은유적 감정 표현에 대한 코퍼스 기반 인지언어학적 접근 『독일언어문학』 66. 1-29.

강병창. 2015a. 독일어 익살 표현의 유머 기제: 관습적인 비유언어를 중심으로. 『언어와 언어학』 66. 1-26.

강병창. 2015b. 내러티브의 '포앙테'에 의한 인지-정서 효과: 이야기 유머와 최단편 픽션의 비교. In 세미오시스 연구센터, 『인지와 감정의 내러톨로지』, 77-109. 서울: 한국외국어대학교 지식출판원.

강병창. 2016. 언어유희의 유머 효과: 독일어의 유머러스한 조어를 중심으로. 『언어와 언어학』 70. 1-24.

강병창·안혁. 2013. 죽음의 수사학: 완곡어법을 중심으로. 『수사학』

18. 5-35.
곽은희. 2015. 『현대 수수께끼』. 서울: 커뮤니케이션북스.
구명철. 2001. 광고문에 나타난 언어유희적 특성: 독일어 광고문과 우리나라 광고문의 사례를 중심으로. 『한국광고홍보학보』 3(1). 62-87.
구현정. 2000. 유머 담화의 구조와 생성 기제. 『한글』 248. 159-184.
김선진. 2013. 『재미의 본질』. 부산: 경성대학교 출판부.
남경완. 2002a. 유머 텍스트에 나타나는 화용적 추론 구조의 양상에 대하여. 『언어과학연구』 22. 91-107.
남경완. 2002b. 유머 텍스트의 내적 구조와 추론 양상: 이야기 구조를 가지고 있는 유머 텍스트를 중심으로. 『텍스트언어학』 13. 295-314.
남길임. 2014. 2014년 신어. 연구보고서. 국립국어원.
류종영. 2005. 『웃음의 미학』. 서울: 유로.
리영희·임헌영. 2005. 『대화: 한 지식인의 삶과 사상』. 리영희, 임헌영 대담. 파주: 한길사.
박영원. 2013. 『디자인유머』. 파주: 안그라픽스.
성호주. 1992. 한국어의 언어유희: 동음이의어의 말놀이(pun)를 중심으로. 『한국학논집』 10. 59-75.
손세모돌. 1999. 유머 형성의 원리와 방법. 『한국언어문화』 17. 5-34.
손세모돌. 2006. 네 칸 시사만화에서의 언어유희. 『국제어문』 38 125-164.
아리스토텔레스. 2013. 『시학』. 승영조 옮김. 유페이퍼(전자책).
윤민철. 2010. 유머의 유형 분류에 관한 고찰: 유머의 원리와 구조를 중심으로. 『우리말연구』 27. 269-298.

이도영. 1999. 유머 텍스트의 웃음 유발 장치. 『텍스트언어학』 7. 421-445.
이재원. 2003a. 유머 텍스트 연구. 『독어교육』 28. 153-169.
이재원. 2003b. 유머 텍스트와 대화함축. 『텍스트언어학』 15. 509-531.
이재원. 2006. 의사소통이론에 기댄 유머 텍스트의 분석: 개그콘서트를 중심으로. 『독이교육』 35. 117-141.
플라톤. 2004. 『필레보스』. 박종현 역주. 서울: 서광사.
한성일. 2004a. 유머 텍스트의 구조와 원리. 『화법연구』 7. 147-171.
한성일. 2004b. 유머 텍스트의 상호텍스트성. 『텍스트언어학』 17. 309-332.
한성일. 2006. 유머 텍스트의 응결성과 응집성. 『겨레어문학』 37 35-63.
한성일. 2008. 언어전략으로서의 중의성 연구. 『한국어의미학』 27. 341-364.

Alexander, Richard J. 1997. *Aspects of verbal humour in English.* Tübingen: Narr.
Apte, Mahadev L. 1988. Disciplinary boundaries in humorology: An anthropologist's ruminations. *HUMOR: International Journal of Humor Research* 1(1). 5-25.
Apter, Michael J. 1982. *The experience of motivation: The theory of psychological reversals.* London & New York: Academic.
Apter, Michael J. 2006. *Reversal theory: The dynamics of motivation, emotion, and personality.* 2nd ed. Oxford: Oneworld.

Apter, Michael J. 2007. *Danger: Our quest for excitement.* Oxford: Oneworld.

Apter, Michael J. & Kenneth C. P. Smith. 1977. Humour and the theory of psychological reversals. In Anthony Chapman & Hugh Foot (eds.), *It's a funny thing, humour,* 95-100. Oxford: Pergamon.

Apter, Michael J. & Mitzi Desselles. 2012. Disclosure humor and distortion humor: A reversal theory analysis. *HUMOR: International Journal of Humor Research* 25(4). 417-435.

Archakis, Argiris & Villy Tsakona. 2005. Analyzing conversational data in GTVH terms: A new approach to the issue of identity construction via humor. *HUMOR: International Journal of Humor Research* 18(1). 41-68.

Aristotle. 1924. *The works of Aristotle translated into English under the editorship of W. D. Ross.* Vol. XI. Oxford: Oxford University Press.

Attardo, Salvatore. 1994. *Linguistic theories of humor.* Berlin: Mouton de Gruyter.

Attardo, Salvatore. 1998. The analysis of humorous narratives. *HUMOR: International Journal of Humor Research* 11(3). 231-260.

Attardo, Salvatore. 2001. *Humorous texts: A semantic and pragmatic analysis.* Berlin: Mouton de Gruyter.

Attardo, Salvatore. 2002. Cognitive stylistics of humorous texts. In Elena Semino & Jonathan Culpeper (eds.), *Cognitive stylistics: Language and cognition in text analysis,* 231-250. Amsterdam:

Benjamins.

Attardo, Salvatore (ed.). 2014. *Encyclopedia of humor studies.* 2 vols. Thousand Oaks, CA: Sage Publications.

Attardo, Salvatore. 2015. Humorous metaphors. In Geert Brône, Kurt Feyaerts & Tony Veale (eds.), *Cognitive linguistics and humor research,* 91110. Berlin & Boston: De Gruyter Mouton.

Attardo, Salvatore, Christian F. Hempelmann & Sara Di Maio. 2002. Script oppositions and logical mechanisms: Modeling incongruities and their resolutions. *HUMOR: International Journal of Humor Research* 15(1). 3-46.

Attardo, Salvatore & Jean-Charles Chabanne. 1992. Jokes as a text type. *HUMOR: International Journal of Humor Research* 5(1). 165-176.

Attardo, Salvatore, Lucy Pickering & Amanda Baker. 2011. Prosodic and multimodal markers of humor in conversation. *Pragmatics and Cognition* 19(2). 224-247.

Salvatore Attardo, Lucy Pickering, Fofo Lomotey & Shigehito Menjo. 2013. Multimodality in conversational humor. *Review of Cognitive Linguistics* 11(2). 402-416.

Attardo, Salvatore & Victor Raskin. 1991. Script theory revis(it) ed: Joke similarity and joke representation model. *HUMOR: International Journal of Humor Research* 4(3-4). 293-347.

BAAS (The British Association for the Advancement of Science). 2002. *Laughlab: The scientific search for the world's funniest joke.* London: Arrow Books.

Beattie, James. [1764] 1809. An essay on laughter and ludicrous composition. In *The works of James Beatie: Essays.* Philadelphia: Hopkins and Earle. URL = <https://books.google.co.kr/books?id=Sc87AQAAIAAJ>.

Benczes, Réka. 2006. *Creative compounding in English: The semantics of metaphorical and metonymical noun-noun combinations.* Amsterdam: John Benjamins.

Benczes, Réka. 2010. Setting limits on creativity in the production and use of metaphorical and metonymical compounds. In Alexander Onysko & Sascha Michel (eds.), *Cognitive perspectives on word formation*, 219-242. Berlin: Mouton de Gruyter.

Berger, Peter L. 2014. *Redeeming laughter: The comic dimension of human experience.* 2nd ed. Berlin: De Gruyter.

Bergson, Henri. [1900] 1924. *Le rire: Essai sur la signification du comique.* Paris: Éditions Alcan. (『웃음: 희극성의 의미에 관한 시론』. 정연복 옮김. 서울: 세계사, 1992.)

Billig, Michael. 2005. *Laughter and ridicule: Towards a social critique of humour.* London: Sage.

Boxer, Diana & Florencia Cortés-Conde. 1997. From bonding to biting: Conversational joking and identity display. *Journal of Pragmatics* 27(3). 275-294.

Bradney, Pamela. 1957. The joking relationship in industry. *Human Relations* 10(2). 179-187.

Brône, Geert. 2008. Hyper- and misunderstanding in interactional humor. *Journal of Pragmatics* 40(12). 2027-2061.

Brône, Geert. 2010. *Bedeutungskonstitution in verbalem Humor:*

Ein kognitiv-linguistischer und diskurssemantischer Ansatz. Frankfurt am Main: Peter Lang.

Brône, Geert & Kurt Feyaerts. 2004. Assessing the SSTH and GTVH: A view from cognitive linguistics. *HUMOR: International Journal of Humor Research* 17(4). 361-372.

Brône, Geert, Kurt Feyaerts & Tony Veale (eds.). 2015. *Cognitive linguistics and humor research.* Berlin/Boston: Walter de Gruyter.

Bouissac, Paul. 2015. *The semiotics of clowns and clowning: Rituals of transgression and the theory of laughter.* Londn: Bloomsbury Academic.

Bühler, Karl. 1934. *Sprachtheorie: Die Darstellungsfunktion der Sprache.* Stuttgart: Lucius & Lucius. (『언어이론: 언어의 서술 기능』. 지광신, 최경은 옮김. 파주: 나남, 2008.)

Busse, Dietrich. 2012. *Frame-Semantik: Ein Kompendium.* Berlin: De Gruyter.

Chafe, Wallace. 2007. *The importance of not being earnest: The feeling behind laughter and humor.* Amsterdam/Philadelphia: John Benjamins.

Chiaro, Delia. 1992. *The Language of jokes: Analysing verbal play.* London/New York: Routledge.

Carroll, Noël. 2014. *Humour: A very short introduction.* Oxford: Oxford University Press.

Chovanec, Jan & Isabel Ermida (eds.). 2012. *Language and humour in the media.* Newcastle upon Tyne: Cambridge Scholars Publishing.

Coates, Jennifer. 2007. Talk in a play frame: More on laughter and intimacy. *Journal of Pragmatics* 39(1). 29-49.

Crystal, David. 2001. *Language play.* Chicago: University of Chicago Press.

Culler, Jonathan (ed.). 1988. *On puns: The foundations of letters.* Oxford: Basil Blackwell.

Dancygier, Barbara & Eve Sweetser. 2014. *Figurative language.* Cambridge: Cambridge University Press.

Darwin, Charles. [1890] 2009. *The expression of the emotions in man and animals.* 2nd ed. Cambridge: Cambridge University Press. (『인간과 동물의 감정 표현』. 김홍표 옮김. 서울: 지식을만드는지식, 2014.)

De Knop, Sabine. 1987. *Metaphorische Komposita in Zeitungsüberschriften.* Tübingen: Max Niemeyer.

De Knop, Sabine. 2003. Die Rolle des Textes bei der Interpretation von metaphorischen Neubildungen. *Deutsche Sprache* 31(3). 250-262.

Dennett, Dan. 2009, February. Dan Dennett: Cute, sexy, sweet, funny [Video file]. URL = <https://www.ted.com/talks/dan_dennett_cute_sexy_sweet_funny>.

Duchenne (de Boulogne), G.-B. [1862] 1990. *The mechanism of human facial expression.* Trans. R. A. Cuthbertson. New York: Cambridge University Press.

Dynel, Marta. 2009a. *Humorous garden-paths: A pragmatic-cognitive study.* Newcastle upon Tyne: Cambridge Scholars Publishing.

Dynel, Marta. 2009b. Creative metaphor is a birthday cake: Metaphor as the source of humour. *metaphorik.de* 17. 27-48.

Dynel, Marta (ed.). 2011. *The pragmatics of humour across discourse domains*. Amsterdam/Philadelphia: John Benjamins.

Dynel, Marta. 2012a. Garden paths, red lights and crossroads: On finding our way to understanding the cognitive mechanisms underlying jokes. *Israeli Journal of Humor Research* 1(1). 6-28.

Dynel, Marta. 2012b. Humour on the House: Interactional construction of metaphor in film discourse. In Jan Chovanec & Isabel Ermida (eds.), *Language and humour in the media*, 83-106. Newcastle: Cambridge Scholars Publishing.

Dynel, Marta (ed.). 2013. *Developments in linguistic humour theory*. Amsterdam/Philadelphia: John Benjamins.

Eastman, Max. 1922. *The sense of humor*. New York: Charles Scribner Sons.

Eastman, Max. [1936] 2009. *Enjoyment of laughter*. New Brunswick: Transaction Publishers.

Ekman, Paul, Richard J. Davidson & Wallace V. Friesen. 1990. The Duchenne smile: Emotional expression and brain physiology II. *Journal of Personality and Social Psychology* 58(2). 342-353.

Ermida, Isabel. 2008. *The language of comic narratives: Humor construction in short stories*. Berlin/New York: Mouton de Gruyter.

Feyaerts, Kurt & Geert Brône. 2005. Expressivity and metonymic inferencing: Stylistic variation in non-literary language use. *Style* 39(1). 1236.

Fillmore, Charles J. 1968. The case for case. In Emmon Bach & Robert T. Harms (eds.), *Universals in linguistic theory,* 1-88. New York: Holt, Rinehart and Winston.

Fleischer, Wolfgang & Irmhild Barz. 2012. *Wortbildung der deutschen Gegenwartssprache.* 4., völlig neu bearbeitete Aufl. Berlin: de Gruyter.

Fónagy, Ivan. 1982. He is only joking (Joke, metaphor and language development). In Ferenc Kiefer (ed.), *Hungarian General Linguistics*, 31-108. Amsterdam: John Benjamins.

Fónagy, Ivan. 2001. Playing with language: Joke and metaphor. In *Languages within Language: An Evolutive Approach,* 275-336. Amsterdam: John Benjamins.

Forabosco, Giovannantonio. 1992. Cognitive aspects of the humor process: The concept of incongruity. *HUMOR: International Journal of Humor Research* 5(1). 45-68.

Forabosco, Giovannantonio. 2008. Is the concept of incongruity still a useful construct for the advancement of humor Research? *Lodz Papers in Pragmatics* 4. 45-62.

Freud, Sigmund. [1905] 1970. *Der Witz und seine Beziehung zum Unbewußten.* Leipzig: Fischer Taschenbuch Verlag. (『농담과 무의식의 관계』. 임인주 옮김. 서울: 열린책들, 2004.)

Freud, Sigmund. 1927. Der Humor. URL = <http://gutenberg.spiegel.de/buch/kleine-schriften-i-7123/29>.

Freytag, Gustav. 1863. *Die Technik des Dramas.*

Leipzig: S. Hirzel. URL = <http://books.google.de/books?id=CDYLAAAAIAAJ>.

Gauger, Hans-Martin. 2006. *Das is bei uns nicht Ouzo! Sprachwitze.* München: Verlag C. H. Beck.

Gervais, Matthew & David Sloan Wilson. 2005. The evolution and functions of laughter and humor: A synthetic approach. *The Quarterly Review of Biology* 80. 395-430.

Gibbs, Raymond W. (eds.). 2008. *The Cambridge handbook of metaphor and thought.* Cambridge: Cambridge University Press.

Gibbs, Raymond W. & Herbert L. Colston. 2012. *Interpreting figurative meaning.* Cambridge: Cambridge University Press.

Giora, Rachel. 1997. Understanding figurative and literal language: the graded salience hypothesis. *Cognitive Linguistics* 8(3). 183-206.

Giora, Rachel. 2003. *On our Mind: Salience, context, and figurative language.* Oxford: Oxford University Press.

Giora, Rachel & Ofer Fein. 1999. On understanding familiar and less-familiar figurative language. *Journal of Pragmatics* 31(12). 1601-1618.

Glück, Helmut. 1994. Reklamedeutsch im DaF-Unterricht. In Hans Jü g n Hering r, Gunhild Samson, Michael Kaufmann & Wofgang Bader (eds.), *Tendenzen der deutschen Gegenwartssprache,* 265-284. Tübingen: Max Niemeyer Verlag.

Goatly, Andrew. 1997. *The Language of metaphors.* London:

Routledge.

Goatly, Andrew. 2012. *Meaning and humour.* Cambridge: Cambridge University Press.

Godkewitsch, Michael. 1974. Correlates of humor: Verbal and nonverbal aesthetic reactions as functions of semantic distance within adjective-noun pairs. In Daniel Berlyne (ed.), *Studies in the new experimental aesthetics,* 279-304. Washington, DC: Hemisphere Press.

Greig, J. Y. T. 1923. *The psychology of laughter and comedy.* London: George Allen & Unwin.

Grice, Paul. 1989. *Studies in the way of words.* Cambridge, MA: Harvard University Press.

Gruner, Charles R. 1997. *The game of humor: A comprehensive theory of why we laugh.* New Brunswick: Transaction Publishers.

Guidi, Annarita. 2012. Are pun mechanisms universal?: A comparative analysis across language families. *HUMOR: International Journal of Humor Research* 25(3). 339-366.

Hempelmann, Christian F. 2004. Script opposition and logical mechanism in punning. *HUMOR: International Journal of Humor Research* 17(4). 381-392.

Hempelmann, Christian F. & Willibald Ruch. 2005. 3 WD meets GTVH: Breaking the ground for interdisciplinary humor research. *HUMOR: International Journal of Humor Research* 18(4): 353-387.

Hillson, Tim R. & Rod A. Martin. 1994. What's so funny about that?: The domains-interaction approach as a model of incongruity and resolution in humor. *Motivation and Emotion* 18(1). 1-29.

Hobbes, Thomas. [1650] 1840. *Human nature.* In *The English works of Thomas Hobbes of Malmesbury*, Vol. IV, ed. William Molesworth. London: John Bohn.

Hobbes, Thomas [1651] 1839. *Leviathan, or the matter, form, and power of a commonwealth ecclesiastical and civil.* In *The English works of Thomas Hobbes of Malmesbury*, Vol. III, ed. William Molesworth. London: John Bohn. (『리바이어던: 교회국가 및 시민국가의 재료와 형태 및 권력』. 진석용 옮김. 파주: 나남, 2008.)

Hobbes, Thomas [1658] 1991. *On man.* In *Man and citizen (*De homine *and* De cive*)*, ed. Bernard Gert. Indianapolis: Hackett Publishing Company. (『인간론』. 이준호 옮김. 서울: 지식을만드는지식, 2009.)

Hockett, Charles. 1972. Jokes. In Estellie Smith (ed.), *Studies in linguistics in honor of George L. Trager*, 157-178. New York: Mouton.

Hoffmann, Thomas & Graeme Trousdale (eds.). 2013. *The Oxford handbook of Construction Grammar.* Oxford/New York: Oxford University Press.

Huizinga, Johan. [1938] 1955. *Homo ludens: A study of the play element in culture.* Boston: The Beacon Press. (『호모 루덴스』. 요한 하위징아 지음, 이종인 옮김. 고양: 연암서가, 2010.)

Hurley, Matthew M. 2006. The joy of debugging: Towards

a computational model of humor. Honors dissertation in Cognitive Science, Tufts University, Medford, Massachusetts.

Hutcheson, Fransis. 1750. *Reflections upon laughter, and remarks upon the fable of the bees.* Glasgow: Daniel Baxter. URL = <https://books.google.co.kr/books?id=xuAtAAAAYAAJ>.

Hurley, Matthew M., Daniel C. Dennett & Reginald B. Adams. 2011. *Inside jokes: Using humor to reverse–engineer the mind.* Cambridge, MA: MIT Press.

Ingendahl, Werner. 1971. *Der metaphorische Prozess: Methodologie zur Erforschung der Metaphorik.* Düsseldorf: Pädagogischer Verlag Schwann.

Israel, Michael, Jennifer Riddle Harding & Vera Tobin. 2004. On simile. In Michel Achard & Suzanne Kemmer (eds.), *Language, culture, and mind,* 123-135. Stanford, CA: CSLI Publications.

Jackendoff, Ray. 2010. *Meaning and the lexicon: The parallel architecture, 1975–2010.* Oxford: Oxford University Press.

Janich, Nina. 2010. *Werbesprache: Ein Arbeitsbuch.* 5., erweiterte Auflage. Tübingen: Narr Verlag.

Kahneman, Daniel. 2011. *Thinking, fast and slow.* New York: Farrer, Straus and Giroux. (『생각에 관한 생각: 우리의 행동을 지배하는 생각의 반란』. 이진원 옮김. 파주: 김영사, 2012.)

Kang, Byongchang. In press. Metaphor and its humorousness: The case of nominal compounds in German. *Humor: International Journal of Humor Research.*

Kant, Immanuel. [1790] 1983. *Kritik der Urteilskraft.* In *Werke in sechs Bänden,* hrsg. v. Wilhelm Weischedel, Band V. Darmstadt: Wissenschaftliche Buchgesellschaft. (『판단력 비판』. 백종현 옮김. 서울: 아카넷, 2009.)

Karasek, Hellmuth. 2011. *Soll das ein Witz sein? Humor ist, wenn man trotzdem lacht.* Berlin: Quadriga Verlag.

Keith-Spiegel, Patricia. 1972. Early conceptions of humor: Varieties and issues. In Jeffrey H. Goldstein & Paul E. McGhee (eds.), *The psychology of humor: Theoretical perspectives and empirical issues,* 3-39. New York: Academic Press.

Kierkegaard, Søren. 2009. *Concluding unscientific postscript to the philosophical crumbs.* Edited and translated by Alastair Hannay. Cambridge: Cambridge University Press.

Koestler, Arthur. 1964. *The act of creation.* London: Hutchinson.

Kotthoff, Helga (ed.). 1996. S*cherzkommunikation: Beiträge aus der empirischen Gesprächsforschung.* Wiebaden: Springer Fachmedien.

Kotthoff, Helga. 1998. *Spaß Verstehen: Zur Pragmatik von konversationellem Humor.* Tübingen: Niemeyer.

Kotthoff, Helga. 2006. Pragmatics of performance and the analysis of conversational humor. *HUMOR: International Journal of Humor Research* 19(3). 271-304.

Kövecses, Zoltán. 2010. *Metaphor: A practical introduction.* 2nd edition. Oxford: Oxford University Press.

Kövecses, Zoltán. 2015. *Where metaphors come from.* Oxford: Oxford University Press.

Kress, Gunther. 2010. *Multimodality: A social semiotic approach to contemporary communication.* New York: Routledge.

Kress, Gunther & Theo van Leeuwen. 1998. Front pages: (The critical) Analysis of newspaper layout. In Allan Bell and Peter Garrett (eds.), *Approaches to media discourse,* 186-219. Oxford: Blackwell.

Kress, Gunther & Theo van Leeuwen. 2001. *Multimodal discourse: The modes and media of contemporary communication.* London: Arnold.

Kress, Gunther & Theo van Leeuwen. 2006. *Reading images: The grammar of visual design.* 2nd ed. London: Routledge.

Krikmann, Arvo. 2009. On the similarity and distinguishability of humour and figurative speech. *Trames* 13(1). 14-40.

Lakoff, George & Mark Johnson. [1980] 2003. *Metaphors we live by.* Chicago/London: The University of Chicago Press. (『삶으로서의 은유』. 수정판. 노양진, 나익주 옮김. 서울: 박이정, 2006.)

Lakoff, George & Mark Johnson. 1999. *Philosophy in the flesh: The embodied mind and its challenge to western thought.* New York: Basic Books. (『몸의 철학: 신체화된 마음의 서구 사상에 대한 도전』. 임지룡 외 옮김. 서울: 박이정, 2002.)

Lakoff, George & Mark Turner. 1989. *More than cool reason: A field guide to poetic metaphor.* Chicago: The University of Chicago Press.

Lixfeld, Hannjost. 1978. Witz und Aggression: Zur Begriffbestimmung und Funktion der Textsorte. *Zeitschrift für Volkskunde* 74. 1-19.

Marfurt, Bernhard. 1977. *Textsorte Witz: Möglichkeiten einer sprachwissenschaftlichen Textsorten-Bestimmung.* Tübingen: Niemeyer.

Martin, Rod A. 2007. *The psychology of humor: An integrative approach.* Amsterdam: Elsevier. (『유머심리학: 통합적 접근』. 신현정 옮김. 서울: 박학사, 2008.)

McGraw, A. Peter & Caleb Warren. 2010. Benign violations: Making immoral behavior funny. *Psychological Science* 21(8). 1141-1149.

McGraw, A. Peter, Caleb Warren, Lawrence E. Williams & Bridget Leonard. 2012. Too close for comfort, or too far to care?: Finding humor in distant tragedies and close mishaps. *Psychological Science* 23(10). 1215-1223.

McGraw, A. Peter & Joel Warner. 2014. *The humor code: A global search for what makes things funny.* New York: Simon & Schuster. (『나는 세계일주로 유머를 배웠다』. 임소연 옮김. 서울: 21세기북스, 2015.)

McGraw, A. Peter, Lawrence E. Williams & Caleb Warren. 2014. The rise and fall of humor: Psychological distance modulates humorous responses to tragedy. *Social Psychological and Personality Science* 5(5). 566-572.

Minsky, Marvin. 1975. A framework for representing knowledge. In Patrick H. Winston (ed.), *The Psychology of Computer Vision,* 211-277. New York: McGraw Hill.

Mio, Jeffery Scott & Arthur C. Graesser. 1991. Humor, language, and metaphor. *Metaphor and Symbolic Activity* 6(2). 87-102.

Morreall, John. 2009. *Comic relief: A comprehensive philosophy of humor.* Chichester: Wiley-Blackwell.

Morreall, John. 2013. Philosophy of humor. In Edward N. Zalta (ed.), *The Stanford encyclopedia of philosophy* (Spring 2013 edition). URL = <http://plato.stanford.edu/archives/spr2013/entries/humor/>.

Mulkay, Michael. 1988. *On humor: Its nature and its place in modern society.* New York: Basil Blackwell.

Navon, David. 1988. The seemingly appropriate but virtually inappropriate. Notes on characteristics of jokes. *Poetics* 17(3). 207-219.

Nerhardt, Göran. 1970. Humor and inclinations of humor: Emotional reactions to stimuli of different divergence from a range of expectancy. *Scandinavian Journal of Psychology* 11(3). 185-195.

Nilsen, Don L. F. & Alleen Pace Nilsen. 1978. *Language play: An introduction to linguistics.* Rawley, MA: Newbury House Publishers.

Norrick, Neal R. 1993. *Conversational joking: Humor in everyday talk.* Bloomington: Indiana University Press.

Norrick, Neal R. 2001. On the conversational performance of narrative jokes: toward an account of timing. *HUMOR: International Journal of Humor Research* 14(3). 255-274.

Norrick, Neal R. 2003. Issues in conversational joking. *Journal of Pragmatics* 35(9). 1333-1359.

Norrick, Neal R. & Delia Chiaro (eds.). 2009. *Humor in*

interaction. Amsterdam/Philadelphia: John Benjamins.

Oring, Elliot. [1992] 2010. *Jokes and their relations.* New Brunswick: Transcation Publishers.

Oring, Elliot. 2003. *Engaging humor.* Urbana/Chicago: University of Illinois Press.

Ortner, Hanspeter & Lorelies Ortner. 1984. *Zur Theorie und Praxis der Kompositaforschung.* Tübingen: Narr.

Ortner, Lorelies, Elgin Müller-Bollhagen et al. 1991. *Deutsche Wortbildung: Typen und Tendenzen in der Gegenwartssprache. Vierter Hauptteil: Substantivkomposita.* Berlin: de Gruyter.

Partington, Alan. 2006. *The linguistics of laughter: A corpus-assisted study of laughter-talk.* London: Routledge.

Pinker, Steven. 2007. *The stuff of thought: Language as a window into human nature.* New York: Penguin Books.

Plester, Barbara. 2016. *The complexity of workplace humour: Laughter, jokers and the dark side of humour.* Cham: Springer.

Poethe, Hannelore. 2002. Wort(bildungs)spiele. In Irmhild Barz, Ulla Fix & Gotthard Lerchner (eds.), *Das Wort in Text und Wörterbuch,* 23-40. Stuttgart/Leipzig: S. Hirzel.

Pollio, Howard. 1996. Boundaries in humor and metaphor. In Jeffery Scott Mio & Albert N. Katz (eds.), *Metaphor: Implications and applications,* 231253. Mahwah, N. J.: Erlbaum.

Powell, Chris & George E. C. Paton (eds.). *Humour in society: Resistance and control.* New York: St. Martin's Press.

Pragglejaz Group. 2007. MIP: A method for identifying

metaphorically used words in discourse. *Metaphor and Symbol* 22(1). 1-39.

Provine, R. Robert. 2001. *Laughter: A scientific investigation.* New York: Penguin Books.

Provine, R. Robert. 2012. *Curious behavior: Yawning, laughing, hiccupping, and beyond.* Cambridge, MA: Belknap Press of Harvard Univerity Press.

Punter, David. 2007. *Metaphor.* London: Routledge.

Radcliffe-Brown, A. R. 1940. On joking relationships. *Africa: Journal of the International African Institute* 13(3). 195-210.

Radcliffe-Brown, A. R. 1949. A further note on joking relationships. *Africa: Journal of the International African Institute* 19(2). 133-140.

Radden, Günter & Zoltán Kövecses. 1999. Towards a theory of metonymy. In Klaus-Uwe Panther & Günter Radden (eds.), *Metonymy in language and thought*, 17-59. Amsterdam/ Philadelphia: John Benjamins.

Raskin, Victor. 1985. *Semantic mechanisms of humor.* Dordrecht: D. Reidel Publishing Company.

Raskin, Victor. ed 2008 *The primer of humer research.* Berlin: Mouton de Gruyter.

Raskin, Victor & Salvatore Attardo. 1994. Non-literalness and non-bona-fide in language: An approach to formal and computational treatments of humor. *Pragmatics and Cognition* 2(1). 31-69.

Ritchie, Graeme. 2004. *The Linguistic analysis of jokes.* London:

Routledge.

Ritchie, L. David. 2013. *Metaphor.* Cambridge: Cambridge University Press.

Röhrich, Lutz. 1977. *Der Witz: Figuren, Formen, Funktionen.* Stuttgart: J. B. Metzler.

Ruiz Gurillo, Leonor & M. Belén Alvarado Ortega (eds.), 2013. *Irony and humor: From pragmatics to discourse.* Amsterdam/ Philadelphia: John Benjamins.

Schank, Roger C. & Robert P. Abelson. 1977. *Scripts, plans, goals and understanding: An inquiry into human knowledge structures.* Hillsdale: Lawrence Erlbaum.

Schopenhauer, Arthur. [1819] 2002. *Die Welt als Wille und Vorstellungen.* 1. Band. In *Die Welt als Wille und Vorstellung.* Gesamtausgabe. München: Deutsche Taschenbuch Verlag. (『의지와 표상으로서의 세계』. 홍성광 옮김. 서울: 을유문화사, 2009.)

Schopenhauer, Arthur. [1844] 2002. *Die Welt als Wille und Vorstellungen.* 2. Band. In *Die Welt als Wille und Vorstellung.* Gesamtausgabe. München: Deutsche Taschenbuch Verlag.

Schütte, Wilfried. 1991. *Scherzkommunikation unter Orchestermusikern: Interaktionsformen in einer Berufswelt.* Tübingen: Gunter Narr Verlag.

Semino, Elena. 2008. *Metaphor in discourse.* Cambridge: Cambridge University Press.

Sherzer, Joel. 1985. Puns and jokes. In Teun van Dijk (ed.), *Handbook of discourse analysis.* Vol. 3, 213-221. London:

Academic.

Skirl, Helge. 2010. Kompositummetaphern: Semantische Innovation und textpragmatische Funktion. *metaphorik.de* 19. 23-45.

Spencer, Herbert. 1860. The physiology of laughter. *Macmillan's Magazine* 1. 395-402.

Suls, Jerry M. 1972. A two-stage model for the appreciation of jokes and cartoons: An Information-processing analysis. In Jeffrey H. Goldstein & Paul E. McGhee (eds.), *The psychology of humor: Theoretical perspectives and empirical issues,* 81-100. New York: Academic Press.

Suls, Jerry M. 1983. Cognitive processes in humor appreciation. In Paul E. McGhee & Jeffrey H. Goldstein (eds.), *Handbook of humor research.* Vol. 1, 39-57. New York: Springer-Verlag.

Tsakona, Villy. 2003. Jab lines in narrative jokes. *HUMOR: International Journal of Humor Research* 16(3). 315-329.

Tsakona, Villy. 2009. Language and image interaction in cartoons: Towards a multimodal theory of humor. *Journal of Pragmatics* 41. 1171-1188.

Tsakona, Villy. 2013. Okras and the metapragmatic stereotypes of humour: Towards an expansion of the GTVH. In Marta Dynel (ed.), *Developments in linguistic humour theory,* 25-48. Amsterdam/Philadelphia: John Benjamins.

Tsakona, Villy & Diana Elena Popa (eds.). 2011. *Studies in political humour: In between political critique and public entertainment.* Amsterdam/Philadelphia: John Benjamins.

Turner, Victor. 1982. *From ritual to theater: The human*

seriousness of play. New York: PAJ Publications. (『제의에서 연극으로: 놀이의 인간적 진지성』. 김익두, 이기우 옮김. 서울: 민속원, 2014).

Tsur, Reuven. 1987. *On metaphoring*. Jerusalem: Israel Science Publishers.

Ulrich, Winfried. 1978. Der Mißverständniswitz. *Muttersprache* 88(2). 73-92.

Vater, Heinz. 2010. Sprachspiele: Kreativer Umgang mit Sprache. *Linguistische Berichte* 221. 3-36.

Veale, Tony. 2008. Figure-gound duality in humour: A multi-modal perspective. *Lodz Papers in Pragmatics* 4. 63-81.

Veale, Tony. 2013. Humorous similes. *HUMOR: International Journal of Humor Research* 26(1). 3-22.

Veale, Tony, Kurt Feyaerts & Geert Brône. 2006. The cognitive mechanisms of adversarial humor. *HUMOR: International Journal of Humor Research* 19(3). 305-339.

Veatch, Thomas C. 1998. A theory of humor. *HUMOR: International Journal of Humor Research* 11(2). 161-215.

Wenzel, Peter. 1989. *Von der Struktur des Witzes zum Witz der Struktur: Untersuchungen zur Pointierung in Witz und Kurzgeschichte*. Heidelberg: Universitätsverlag Winter.

White, E. B. & Katharine S. White (eds.). 1941. *A subtreasury of American humor*. New York: Coward-McCann.

Williams, John N. 1992. Processing polysemous words in context: Evidence for interrelated meanings. *Journal of Psycholinguistic Research* 21(3). 193-218.

Ziem, Alexander. 2008. *Frames und sprachliches Wissen.* Berlin: De Gruyter.

Zirker, Angelika & Esme Winter-Froemel (eds.). 2015. *Wordplay and metalingusitic / metadiscursive reflection: Authors, contexts, techniques, and meta-reflection.* Berlin/Boston: De Gruyter.

Ziv, Avner. 1984. *Personality and sense of humor.* New York: Springer Publishing Company.

[출판사전]

Cambridge. 2008. *Cambridge advanced learner's dictionary.* Cambridge: Cambridge University Press.

Duden-GWDS. 1995. *Duden: Das große Wörterbuch der deutschen Sprache.* 2. Aufl. Mannheim: Dudenverlag.

Duden-GWDS. 1999. *Duden: Das große Wörterbuch der deutschen Sprache.* 3. Aufl. Mannheim: Dudenverlag.

Duden-GWDS. 2012. *Duden: Das große Wörterbuch der deutschen Sprache.* 4. Aufl. Mannheim: Dudenverlag [CD-ROM].

Duden-R. 2008. *Duden: Redewendungen.* 3. Aufl. Mannheim: Dudenverlag.

Langenscheidt. 1998. *Langenscheidts Großwörterbuch: Deutsch als Fremdsprache.* München: Langenscheidt.

[온라인 사전]

국립국어원. 『표준국어대사전』. URL = <http://stdweb2.korean.go.kr/main.jsp>.

네이버. 오픈사전. 오픈국어. URL = <http://kin.naver.com/openkr/list.nhn>.

Das Wörterbuch Duden online. URL = <http://www.duden.de/woerterbuch>.

Langenscheidt Online Wörterbücher. URL = <http://de.langenscheidt.com/>.

OWID Neologismen Wörterbuch. URL = <http://www.owid.de/wb/neo/start.html>.

[유머집]

『개그맨이 추천한 외워서 남 주는 유머』. 김상옥 편저. 스타북스, 2011.

『개그맨이 추천한 또 외워서 남 주는 유머』. 김상옥 편저. 스타북스, 2012.

『이제는 깨알 유머』. 편집부 엮음. 도서출판 루니스, 2012.

『단숨에 터지는 유머 1, 2』. 웃음발전소 엮음. 스마트이북, 2012.

『돌직구 최신 유머 888』. Fun 유머연구회 엮음. 브라운힐, 2013.

『웃으며 삽시다』. 정기범 지음. 좋은땅, 2014.

문화일보 인터넷 유머. URL =<http://www.munhwa.com/news/series.html?secode=580>.

Jamin, Peter, Michael Lentz, Chris Howland & Dieter Thoma. 2010. *Die Witzekiste: Ganz Deutschland lacht! und Kennen Sie den?* Zwei Bestseller in einem Band. München: dtv.

Laechter, Hanns G. 2012. *Der große Witze-Wahnsinn.* München: Wilhelm Heyne Verlag.

Lechter, Hanns G. 2005. *Das extra dicke Witze-Buch.* Augsburg: Weltbild.

Streiker, Lowell D. 1998. *An encyclopedia of humor.* Peabody, MA: Hendrickson Publishers.

[사진/이미지 출처]

[그림 1] By Eric McGregor - http://www.flickr.com/photos/ericmcgregor/124313181, CC BY 2.0, https://commons.wikimedia.org/w/index.php?curid=1050644

[그림 2] By John Atherton - Photo by John Atherton on Flickr Pan-Am Flight attendant, 1970Uploaded to Wikimedia Comons by Altair78, CC BY-SA 2.0, https://commons.wikimedia.org/w/index.php?curid=6944857

[그림 11] By William Ely Hill (18871962) - "Puck", 6. Nov 1915, Public Domain, https://commons.wikimedia.org/w/index.php?curid=3836554

찾아보기

ㅂ

ㅅ

ㅇ

ㅈ

ㅋ

ㅌ

ㅍ

ㅎ

| 세미오시스 연구총서 04 |

언어와 유머

초판 인쇄 2016년 5월 23일
초판 발행 2016년 5월 30일

지은이 강병창
발행인 김인철
총괄 · 기획 장지호 Director, University Press
편집장 신선호 Executive Knowledge Contents Creator
도서편집 김민정 Contents Creator
진수연 Contents Creator
전자책편집 최인우 Chief e-Contents Creator
마케팅 곽용창 Chief Marketing Creator
재무관리 권미경 Chief Managing Creator
김은혜 Managing Creator
발행처 한국외국어대학교 지식출판원
02450 서울특별시 동대문구 이문로 107
전화 02)2173-2493~7
팩스 02)2173-3363
홈페이지 http://press.hufs.ac.kr
전자우편 press@hufs.ac.kr
출판등록 제6-6호(1969. 4. 30)
디자인 · 편집 (주)이환디앤비 02)2254-4301
인쇄 · 제본 네오프린텍 02)718-3111

ISBN 979-11-5901-085-9 94700 정가 18,000원
ISBN 978-89-7464-832-9 (세트)

*잘못된 책은 교환하여 드립니다.

HUINE은 한국외국어대학교 지식출판원의 어학도서, 사회과학도서, 지역학 도서 Sub Brand이다. 한국외대의 영문명인 HUFS, 현명한 국제전문가 양성(International +Intelligent)의 의미를 담고 있으며, 휴인(携引)의 뜻인 '이끌다, 끌고 나가다'라는 의미처럼 출판계를 이끄는 리더로서, 혁신의 이미지를 담고 있다.